中等职业教育"十三五"规划教材

中等职业教育公共通识课规划教材系列

就业指导与创业教育

主　编　杨筱玲　覃志奎

主　审　凌小冰

电子工业出版社

Publishing House of Electronics Industry

北京·BEIJING

内容简介

本书从目前中等职业学校学生的就业环境和就业形式入手分析，按照中职生择业和创业所需要的知识能力分九章进行讲解。

前面五章详述了就业指导相关的内容，包括就业前准备、面试的艺术、职来职往你准备好了吗、职业素质培养、就业的劳动法律保护。第六章～第九章介绍了创业有关内容，包括创业与创业教育、创业项目的选择、创业计划书以及创建小型企业等。

本书可以作为中等职业院校发展和就业指导、创业创新方面的教育教材，或相关教职人员以及单位培训的参考书。

未经许可，不得以任何方式复制或抄袭本书之部分或全部内容。
版权所有，侵权必究。

图书在版编目（CIP）数据

就业指导与创业教育 / 杨筱玲，覃志奎主编. —北京：电子工业出版社，2016.8
ISBN 978-7-121-29324-5

Ⅰ. ①就… Ⅱ. ①杨… ②覃… Ⅲ. ①就业－中等专业学校－教材②创业－中等专业学校－教材③就业－技工学校－教材④创业－技工学校－教材 Ⅳ. ①G717.38 ②G718.1

中国版本图书馆CIP数据核字（2016）第155393号

策划编辑：祁玉芹
责任编辑：张瑞喜
印　　刷：中国电影出版社印刷厂
装　　订：中国电影出版社印刷厂
出版发行：电子工业出版社出版
　　　　　北京市海淀区万寿路173信箱　邮编：100036
开　　本：787×1092　1/16　印张：11　字数：268千字
版　　次：2016年8月第1版
印　　次：2021年3月第13次印刷
定　　价：26.00元

凡所购买电子工业出版社图书有缺损问题，请向购买书店调换。若书店售缺，请与本社发行部联系，联系及邮购电话：(010) 88254888。

质量投诉请发邮件至 zlts@phei.com.cn，盗版侵权举报请发邮件至 dbqq@phei.com.cn。

服务热线：(010) 88258888。

编 委 会

主　编	杨筱玲	覃志奎		
主　审	凌小冰			
副主编	韦伟松	卢　毅	蓝雪芬	梁丽萍
	秦新林	谭洪波	刘翠玲	刘祯兴
	詹俊松	张建坤	杨蓉蓉	陈拥军
	覃德文			
参　编	叶国庆	李　力	兰晓华	陆云亮
	覃　源	阮玉立	李雪芸	李春生
	农日光	周爱鹏	陈世辉	陆世伟
	邓家旭	韦小延	李冬梅	甘业萍
	赵　蕾	蓝益平	徐浩长	黄翠兰
	易红贵	蒋耀宇	苏岩峰	朱满华
	韦　涛	何昌武	黄颖颖	成林蔚
	黄荣娟	零汉群	韦政君	

前言

随着职业教育在中国的迅速发展，职业教育也逐渐成为教育的重要组成部分，在一些经济发达国家，拥有高质量的职业教育成为经济长期发展的一个重要因素。自"十一五"规划纲要实施以来，在中央和各地的关注推动下，中国的职业教育体系也不断完善，办学模式不断创新。招生规模和毕业生就业率再次踏上了新台阶，驶上了发展"快车道"。

职业教育也就是以就业为导向的教育，让受教育者获得某种职业所需要的职业知识、技能和职业道德。就业指导也对社会和个人有着极其重要的意义。科学合理的求职指导可以帮助求职者确立个人求职理想，建立正确的职业观，做出最佳的职业选择，也有利于个人个性和身心健康的发展，而个体的就业和职业发展有利于社会稳定，促进社会的和谐进步。

本书结合职业学校的就业指导实践，在编写体例上，每章采用理论为主、案例和案例点评为辅的编排体系，题材新颖、内容丰富，具有很强的针对性和指导性，既有理论方面的深入阐述，又有切合职业教育毕业生职业发展的能力训练。注重实用性和指导功能，有利于引导中等职业学校学生正确的认识就业，树立职业目标、规划人生，也为个人职场成功奠定基础。

本书作为中等职业学校的就业指导实践，是根据当前经济社会状况而编写的。全书共分九章，前面五章详述了就业指导相关的内容，包括就业的前期准备、面试技巧、职业的选择、职业素质培养和就业劳动法等，第六章～第九章介绍了创业教育有关内容，从创业和创业本质进行分析，包括创业项目选择、创业计划书写作以及如何创建小型企业等。

本书不仅可以作为中等职业院校就业和创业指导方面的教育教材，也可以作为中等职业院校相关教职人员的参考书。

在编写过程中参考和使用了有关资料，在此致以诚挚的谢意。

由于时间仓促和编者水平有限，书中难免有不足之处，敬请广大读者予以批评指正。

编 者

2016 年 7 月

目 录

第一章　就业前准备 1

第一节　中职生就业形势分析 1
第二节　就业前的心理准备 2
一、树立正确的就业观念 2
二、走出心理误区 4
第三节　走出误区，笑迎挑战 5
一、中职毕业生常见求职心理误区 5
二、网络求职新心态 6

第二章　面试的艺术 7

第一节　制作一份助你走向成功的简历 7
一、企业筛选简历的方法 8
二、好的个人简历必须具备的要素 8
三、制作一份成功的简历 9
四、求职信的书写技巧 12
第二节　兵马未动粮草先行——面试前的准备 14
一、了解面试，有备无患 15
二、知己知彼，面试前收集信息 17

三、面试设计与模拟演习 ……………………………………………… 19
　　四、从头发武装到脚趾，注重面试的仪容仪表 ……………………… 20
　　五、成功的面试礼仪 …………………………………………………… 22
　　六、面试 24 小时倒计时 ……………………………………………… 25
第三节　面试的艺术和技巧 …………………………………………………… 26
　　一、面试的技巧 ………………………………………………………… 26
　　二、短兵相接，面试的问与答 ………………………………………… 29
　　三、影响面试成功的因素知多少 ……………………………………… 32
　　四、面试结束，应聘未完 ……………………………………………… 32
　　五、集体面试的技巧 …………………………………………………… 33
　　六、电话面试的技巧 …………………………………………………… 33
　　七、警惕求职陷阱 ……………………………………………………… 34

第三章　职来职往——你准备好了吗 …………………………………………… 40

第一节　正视自身，树立职业理想 …………………………………………… 40
　　一、初入职场知多少 …………………………………………………… 41
　　二、调整心态，从容应对 ……………………………………………… 42
第二节　心心向荣，心的开始 ………………………………………………… 43
　　一、试用期，心的开始 ………………………………………………… 43
　　二、心态决定一切 ……………………………………………………… 43
　　三、坚持理想，慎待跳槽 ……………………………………………… 43

第四章　立身之本与从业之要——职业素质培养 ……………………………… 45

第一节　职业意识 ……………………………………………………………… 45
　　一、严于律己的责任意识 ……………………………………………… 45
　　二、遵纪守法的规范意识 ……………………………………………… 48
　　三、精益求精的质量意识 ……………………………………………… 49
　　四、客户满意的服务意识 ……………………………………………… 51
第二节　遵循职业道德，磨砺发展之剑 ……………………………………… 55
　　一、什么是职业道德 …………………………………………………… 56
　　二、职业道德的特点 …………………………………………………… 57

三、职业道德的主要内容 ········· 58
　　四、职业道德的作用 ··········· 59
　　五、良好职业道德的养成 ········· 62
　　六、教师职业道德 ············ 64
第三节　职业能力 ················ 65
　　一、学习能力 ·············· 65
　　二、人际沟通能力 ············ 66
　　三、团队合作能力 ············ 67
　　四、创新能力 ·············· 69

第五章　就业的劳动法律保护 — 71

第一节　劳动权利你知多少 ············ 71
　　一、做明智的劳动者 ··········· 71
　　二、劳动权利伴你左右 ·········· 72
第二节　带好你的法律盾牌 ············ 76
　　一、劳动合同的订立 ··········· 76
　　二、劳动合同的变更、终止和解除 ····· 79
　　三、违反劳动合同的法律责任 ······· 81
第三节　创业案例——进取女教师创新幼教之路 ··· 83

第六章　创业与创业教育 — 85

第一节　我国的创业现状 ············· 85
　　一、我国当前创业活动的现状 ······· 85
　　二、我国创业活动的特点 ········· 85
第二节　创业从心开始 ·············· 86
　　一、创业成功的心法 ··········· 87
　　二、动机不纯创业难成功 ········· 88
第三节　创业准备 ················ 88
　　一、创业者必备的素质 ·········· 88
　　二、创业前的准备 ············ 90
　　三、创业前的演练 ············ 90

第四节　创业实践 ··· 91
　　　　一、创业目标定位 ·· 92
　　　　二、如何发现创业机会 ·· 92
　　　　三、如何把握创业的机会 ··· 93
　　　　四、如何运作创业项目 ·· 93
　　　　五、风险防范 ··· 94
　　第五节　创业案例——女教师圆幼时办园梦 ································ 95

第七章　创业项目的选择 ··· 97

　　第一节　创业项目选择概述 ·· 97
　　　　一、创业项目分类 ··· 97
　　　　二、选择创业项目 ··· 98
　　第二节　创业项目的选择方法 ··· 99
　　第三节　市场调研 ·· 101
　　　　一、市场调研的目的与方式 ·· 102
　　　　二、市场调研的类型 ··· 102
　　　　三、市场调研的一般过程 ··· 103
　　　　四、创业前市场调研的主要内容 ·· 103
　　　　五、设计调查问卷注意事项 ·· 103
　　第四节　创业环境分析 ·· 104
　　　　一、创业环境 SWOT 分析法 ··· 104
　　　　二、创业环境的分类 ··· 104
　　　　三、选择创业项目应考虑的其他因素 ·································· 106
　　第五节　创业案例——优秀教师创办市合格幼儿园 ····················· 107

第八章　创业计划书 ·· 108

　　第一节　创业计划书的作用 ·· 108
　　第二节　创业计划书的基本结构 ·· 109
　　　　一、计划概述 ·· 109
　　　　二、公司描述 ·· 109
　　　　三、产品与服务 ··· 109

四、市场策划分析 ··· 109
　　五、竞争性分析 ·· 110
　　六、营销策略和营销 ··· 110
　　七、财务计划 ··· 110
　　八、附录 ·· 110
第三节　创业计划书的内容和写作方法 ·· 111
　　一、计划摘要 ··· 111
　　二、产品（服务）介绍 ·· 111
　　三、人员及组装结构 ··· 112
　　四、市场预测 ··· 112
　　五、营销策略 ··· 113
　　六、制造计划 ··· 113
　　七、财务规划 ··· 113

第九章　创业小型企业　　115

第一节　创建小型企业的基本步骤 ··· 115
　　一、选择合适的经营项目 ·· 117
　　二、选择合适的经验场所 ·· 117
　　三、确定企业的名称和标志 ··· 117
　　四、筹措创业资金 ·· 118
　　五、选购与调试设备 ··· 118
　　六、确立组织结构和管理制度 ·· 118
　　七、注册 ·· 118
　　八、招聘、培训员工 ··· 119
第二节　小企业基本营销策略 ··· 119
　　一、产品或服务生命周期概念 ·· 119
　　二、产品或服务生命各阶段营销策略 ·· 119
第三节　小企业的管理策略 ·· 120
　　一、小企业组织管理 ··· 120
　　二、小企业成本利润管理 ·· 121
　　三、小企业风险管理 ··· 122

第四节　茶艺特长生创办足球咖啡馆 …………………………………… 123
　　一、开始计划，进行可行性分析 ……………………………………… 124
　　二、酒吧选址 …………………………………………………………… 124
　　三、开业 ………………………………………………………………… 124

附录 A　职业兴趣测试 …………………………………………………… 126

附录 B　职业生涯规划的实际操作 ……………………………………… 130

附录 C　中华人民共和国劳动法 ………………………………………… 139

附录 D　中华人民共和国劳动合同法 …………………………………… 149

附录 E　教育部财政部关于印发《中等职业学校学生实习管理办法》的通知 …………………………………………………………… 160

附录 F　就业服务网站名录 ……………………………………………… 162

参考文献 …………………………………………………………………… 165

第一章 就业前准备

学习目标

★ 了解中职生就业的形势。
★ 学习如何进行职业生涯规划。
★ 树立正确的求职观。

职业教育就是就业教育，因此求职和就业不可避免地成为中职学生关注的话题。他们一接受职业教育就需要开始留心社会人才需求的动态，总结自己的学习情况，反省自己的言行，憧憬就业以后的工作与生活，规划自己的职业发展蓝图。只有通过系统的学习，做好就业前的准备，当踏上求职之路时才能做到有的放矢，充满自信。

第一节 中职生就业形势分析

近几年，在就业形势日益严峻的情况下，社会上流传着这样一句话：本科生就业不如高职生，高职生就业不如中职生。的确，据统计，近几年我国大学毕业生的一次性就业率始终在 75%左右徘徊，而中等职业学校（含职高、中专、技校）毕业生的一次性就业率早已突破 95%。中职学校针对企业生产一线培养的有技能"蓝领"成为就业新宠。有些中职学校的毕业生供不应求。与大学生"就业难"截然相反，中职生就业出现了越来越吃香的趋势。

近几年来，随着我国高等教育不断扩招，我国的高等教育正在由"精英教育"向"大众教育"转变，大学生就业面临着新的形势，进入了一个新的阶段，这是不以我们的意志为转移的客观现实。许多大学只注重扩招，而教学改革的步伐远不能适应社会的实际需要。不少专业的设置，学生的综合素质及知识结构并不为社会所欢迎，从而造成了大学生"供需矛盾"。"供求矛盾"的表现主要有：毕业生的专业结构、知识结构、综合素质、学历层次，甚至就读院校等等不适应市场需求；毕业生的择业倾向与技能等不适应市场需要；毕业生的择业期望值与用人单位要求不一致等，这些矛盾的存在，导致了非自愿的摩擦性和结构性失业。

据教育部有关负责人介绍，中等职业学校毕业生持续保持较高的就业率，反映了我国经济社会发展对中等职业教育培养的人才的强劲需求。一方面，由于产业结构的调整，产生了对专业人才的新的类别需求、层次需求和数量需求，像数控技术应用、汽车维修、计算机应用与软件技术、护理等不少行业都出现了技术工人短缺，出现了"技工荒"；另一方面，在劳动力市场上用工单位需要的中职毕业生之所以深受用人单位欢迎，其中主要的因素还在于中职毕业生可塑性大，敬业精神较强，能把所学专业随时应用于实践，工资待遇要求也低于大专以上学历的人员。

正如温家宝总理在全国职业教育工作会议上所说："我国目前在生产第一线的劳动者素质偏低和技能型人才紧缺问题十分突出，现有技术工人只占全部工人的 1/3 左右。而且多数是初级工，技师和高级技师仅占 4%。从制造业比较发达的沿海地区看，技术工人短缺已成为制约产业升级的突出因素。""要推进产业结构优化升级，转变经济增长方式，提高自主创新能力，不断提高现代化水平，都对我国人力资源的结构和素质提出新的更高的要求。国民经济的各行各业不但需要一大批科学家、工程师和经营管理人才，而且需要数以千万计的高技能人才和数以亿计的高素质劳动者。没有这样一支高技能、专业化的劳动大军，再先进的科学技术和机器设备也很难转化为现实生产力。"而我们的技工学校和职业中专正是迎合了社会经济的发展，成为培养技术工人的摇篮。

所以，我们每个技工学校和中等职业学校的同学都有理由相信，只要我们刻苦学习，不断提高自己的综合素质，尤其是做人的品德和劳动的技能，是不愁找不到一份好工作的。

通过电视、网络及报纸等途径，收集你所学专业近年来的人才需求情况。

第二节　就业前的心理准备

一、树立正确的就业观念

上面我们分析了当前由于中国许多企业的技术工人（特别是高级工和技师）的严重匮乏，造成了技校及中职毕业生在就业方面有一定的优势，但并不是说技校及中职的毕业生随随便便就可以找到一份自己满意的工作。要做到长期为社会和企业所青睐，不但要有过硬的技能，还要树立正确的就业观念和职业道德。

我们要树立的正确就业观念有哪些呢？

（一）克服重技术、轻品行的倾向

现在，不少学生都存在着重技术、轻品行的倾向。使得他们在求职的道路上失去一些难得的机会，甚至进了工作单位不久就遭"炒鱿鱼"。

2006 年 8 月，《中国青少年报》刊登了一篇名为《道德缺失影响大中专毕业生应聘》的报道。记者报道了那些来应聘的大中专毕业生"不排队、没礼貌、乱丢垃圾"的现象，"没有人主动排队，整个招聘现场像个农贸交易市场。"记者看到一个男生挤到招聘席前，高举简历，大声叫嚷："喂，收一下我的应聘资料啊！"事后，招聘人员告诉记者："像这样没礼貌的人，谁也不敢要！否则，哪天公司形象受损都不知道。"

2007 年 1 月，《重庆青年报》也刊登了一篇题为《20 名本科生被"炒鱿鱼"，公司称学

生修养不及格》的报道。其中叙述了重庆一科技公司招聘了21名大学生，三个多月后仅留下一名大专生，原因是那些被"炒"的大学生"修养不及格"。

据一些技校及中职学校对毕业生的跟踪调查，不少用人单位提及那些技校及中职毕业生被辞退时指出，绝大部分并不是技术上的问题，而同样是"修养"及"品行"方面的原因。

所以同学们必须明确，要找到一份好的工作，要得到用人单位的认可，要在职业生涯中取得成功，不但要学好技术，更要学会做人。

（二）积极进取，敢于竞争

竞争是社会发展的规律，也是社会发展的动力。目前的中国，劳动力供大于求的矛盾越来越突出，就业竞争越来越激烈。我们每一个同学都要面对现实，积极进取，才能在竞争中处于优势。"物竞天泽，适者生存。"我们有些技校及中职的学生自卑心太重，总认为自己学历不够高，在求职和从业方面肯定比不上大学生，因而在平时的学习、毕业后的求职和从业中都自暴自弃，不思进取，这是一种很有害的消极态度。事实证明，现在中国许多企业更适合技校和中职生的求职和发展。只要我们努力学好技术，不断提高综合素质，积极进取，并敢于竞争，同样可以脱颖而出，成为国家的栋梁，社会的人才。

【1-3-1】

上海液压厂的李斌是技工学校毕业生，积极进取，并敢于竞争的典型代表。1980年，他在技工学校毕业后进厂当了一名初级技术工人。由于他不断刻苦学习和钻研，因而很快掌握了运用数控机床的要领。近年来，李斌班组采用数控技术完成新产品开发23项，为企业增加收入2 000万元。通过工艺改革和刀具国产化措施，为企业降低成本1 000多万元。李斌也成为全国十大杰出工人、全国劳动模范和有名的数控专家。

（三）注重长远发展，正视目前待遇

在求职过程中，求职者往往面临许多选择。有些公司较大，工资较高，福利较好。但招聘的是操作工，技术性不高，甚至和一些毕业生所学的专业不是很对口；有些公司不大，目前的工资也不算高，福利也不算很好。但工作与所学专业对口，个人发展的空间较大。对此，我们建议同学们不要急功近利，站高一点，看远一点。注重长远发展，正视目前待遇，选择一个对自己发展前途更为有利的单位。常言道："谁笑到最后，谁就笑得最好。"一个人的能力得到充分发挥，事业就容易成功，待遇及福利最后也会接踵而来。

【1-3-2】

陈志杰在某技工学校学的是机械维修专业。毕业时，不少同学应聘去了规模大，福利较好，月收入1 000元的格兰仕公司当了操作工。但陈志杰却不随大流，独自到了广东中山市的一家小厂当了维修工。由于这家小厂的技术人员不多，所以勤学好钻研的陈志杰很快就成了这家小厂的技术骨干。不但机器的维修，就连一些机器的设计，老板也喜欢委托他来完成。现在，陈志杰已是这家工厂的技术主管。事业上如日中天，月收入达六七千元，这是当操作工的同学无可比拟的。

二、走出心理误区

所谓求职心理误区就是个人在求职过程中对自我、求职目标的期望、评价等方面存在不客观或与现实有较大差异的一种影响求职心理的倾向。心理误区在广大毕业生中普遍存在，中职毕业生在求职择业过程中经常有以下几种不正常的心理状态。

1. 自卑心理

许多中职生认为自己没有考上普高，是无能的、是失败的，认为上中职学校是迫不得已的选择，部分同学他们往往自责、贬低或惩罚自己，潜意识中就有自卑和压抑心理。对前途担忧，对未来丧失信心，缺乏自尊心，不敢主动向用人单位推销自己，不敢主动参与就业竞争，陷入不战自败的困境之中。

2. 自负心理

部分中职毕业生由于受传统就业观念的影响，认为自己是做"白领"的。这种心理表现在择业上，则是他们往往好高骛远，期望值居高不下，没有将自己位置摆正，没有清楚地认识到自己只是一名中职生，从事的职业及岗位应是生产第一线，所做的工作必须从最基层做起，于是这部分毕业生对用人单位横挑鼻子竖挑眼，就出现了"高不成低不就"、"脚踩几只船"的恶性循环，从而造成就业受挫，难以找到自己满意的工作，产生心理失衡。

3. 盲目从众心理

部分中职毕业生在择业时，"人云亦云"、"大多数人选择哪里自己就选择哪里；大多数人往哪里挤，自己就往哪里挤。"这部分同学缺乏主见，缺乏开拓精神，没有客观分析自身专业基础、经济状况等各方面因素，忽视自身的个体特异性与自我创造性，盲目跟风，随波逐流，采取不切合实际的从众行为。最终一事无成，空留一声叹息。

4. 矛盾心理

这部分中职毕业生在择业时，遇到各种各样的选择，会左右为难。例如，他们总是认为到公司企业待遇稳定，风险较小，但又嫌工作辛苦；而自己创业收入较高，但又觉得风险大。于是他们总是举棋不定，总是进行痛苦而矛盾的选择。这种既要顾及工作性质、发展前景，又要考虑地理位置、经济收入、福利条件的矛盾心理，最终往往会使这些中职生失去太多的时间与机遇。

5. 攀比心理

中职毕业生中有一些人在求职择业中存在攀比心理，认为"我不能比别人差"，"我不能不如人"。即使有些单位非常适合自身发展，但因某方面比不上其他同学的就业单位，或觉得平时其他同学什么都不如自己，却找到一个比自己更好的单位，于是心理就不平衡，就彷徨放弃。这种攀比的求职观，不能从自身实际出发，常常会耽误先机，到头来却不利于自身价值的实现和长远发展。

6. 依赖心理

有些中职毕业生由于家庭、社会条件较好，在择业过程中把希望寄托在学校、父母或朋友之上，寄托在拉关系、走后门之上，有的甚至由家长出面与用人单位洽谈，孰不知这样做的结果恰恰让用人单位对毕业生产生缺乏开拓能力、独立生活和工作能力差的印象。当今社会，挑战与机遇并存，只有在择业之初，就树立自信心，少点依赖，敢于竞争，才能在众多的求职者中脱颖而出。

7. 冷漠心理

当一些中职生在择业中因受到挫折而感到无能为力，会出现得过且过，不思进取，情绪低落等反应。他们自认为看破红尘、心灰意冷，决定听天由命任凭发落。冷漠心理的一种特殊表现是逃避，他们不再想主动争取择业机会，不再去努力，认为去什么单位都无所谓，这种心理与就业的竞争机制和社会环境是不相适应的。

8. 实惠心理

持有这种心理的中职生往往在招聘会上，说不上三句话就问"能给多少钱，工资多少，奖金多少，能不能分配住房"。他们的眼睛只盯在白领、官员等岗位，错过许多很好的机会。

上述种种不良心态在很大程度上影响了中职毕业生顺利就业。因此，调整好择业心态，正确把握自己，积极参与竞争，寻找适合自己的岗位显得尤为重要，也是使中职毕业生走出择业心理误区的重要出路。

第三节　走出误区，笑迎挑战

面对即将开始的顶岗实习，也许你是诚惶诚恐地接受了学校的推荐安排，但是接下来要面对的求职途径、面试等也将极大地考验着你的能力与耐心。在这个过程中，你是否经历了焦灼不安的等待、欣喜若狂的期盼、浪漫美好的憧憬？你的选择是否也有过一些误区？

一、中职毕业生常见求职心理误区

面对激烈的竞争环境，中职毕业生在求职，特别是初次求职的过程中常常会出现一些心理误区。

误区之一：选择的自由度越大越好

临近毕业了，很多企业、单位都在招贤纳士。此时毕业生面临着多种选择，主动权也紧紧握在手上，因此不少毕业生认为"还有下一个"、"还有更好的"，始终不能定下目标，殊不知，企业用人最忌讳的正是"用情不专"、"这山望着那山高"的毕业生。而等到招聘的旺季过去，很多企业都已招到了合适的用工者，这时毕业生早已丧失了合适自己的工作机会。

误区之二：我不能比别人差

纷繁的求职机会给了毕业生更多选择，有的毕业生在面对求职机会时抱定了一个信念：我不能比别人差。这本来是一种不屈的自强精神，但是有的同学盲目自信，不能认真结合自己的专业所长和知识、能力水平，高估了自身反而错失发展机会。

误区之三：要去就去沿海或大城市

无可否认，沿海或大城市的发展环境要优越于内陆地区、中小城市。有的同学对自身的心理承受能力估计不当，当进入沿海或大城市工作后无法承受当地的快节奏生活以及工作环境，加之自身人际交往能力较弱，无法及时转移负面情绪，或者沉溺于网络，或者结交不当朋友而影响了工作，甚至丢了工作。

二、网络求职新心态

近年来，互联网的发达和便捷为求职者提供了广阔的求职机会，网络招聘会也屡见不鲜。越来越多的中职毕业生在求职时也借助于各类人才网发布的信息平台参与到激烈的竞争中，进而呈现出了网络求职的新心态。

心态一：病急乱投医

求职是一项艰苦的工作，频繁的面试机会考验着你对获得工作的热情与耐受力。有的同学在浩瀚的网络求职中投出了无数简历却没有获得太多面试机会，因此会失去耐心导致出现"病急乱投医"的简单求职行为。

心态二：不敢尝试，无法沟通

中职毕业生对社会的了解程度不深，因而在面对网络求职时往往对招聘单位的真实性、正规性无法判断，甚至遭遇欺骗而蒙受经济损失，这让有的求职者不敢再尝试网络求职，采取自我封闭的方式拒绝沟通，也体现了中职生在特定的年龄阶段处理问题的片面性和局限性。

第二章　面试的艺术

学习目标

★ 充分准备个人简历。
★ 了解面试的形式、目的和流程。
★ 了解如何在面试前收集企业相关信息并进行面试模拟。
★ 了解面试的仪表及礼仪要求。
★ 学习面试的技巧。

对于求职者来说，面试是一次机会，更是一场考验。有些求职者参加一次面试就获得了成功，而有些人却屡屡失意。失意者中的很多人在面试前没有做好充分的准备，面试后也没有进行详细的分析。成功了也不知道为什么成功，失败了也不知道为什么失败。实际上，面试并不是无章可循。在某种程度上，它是一门艺术。了解面试，做好充分的准备。通过训练掌握面试的技巧，面试时尽力展现出自己的风采，是求职者走向成功的通行证。

第一节　制作一份助你走向成功的简历

引例

某连锁百货公司在柳州开设新店时到中职学校招聘员工，由于工资合理、福利待遇优厚，并且工作前景好而受到了毕业生们的欢迎。虽然公司只招聘50人，各个学校报名交求职材料的同学却达到了500多人。开业在即，公司的所有在职员工都忙于开业准备，无法抽出人手一一面试新员工，于是采取先看招聘材料的方式淘汰一部分人。令公司人力资源部门的人员始料不及的是，光是看材料就消耗了他们大量的时间和精力。一个内部人员透露说："大多数学生使用的是学校统一的推荐表，一大堆，看起来肯定没什么乐趣可言。因此我把那些自己制作，并且看起来漂亮些的简历挑出来优先看看。说实在的，其他简历里肯定也有好的，可是要发现一个要看多少大致相同的简历啊，想想都累。"

从以上的案例不难看出，多花上一点时间去准备自己的个人简历确实是求职者迈向成功的第一步。

企业在招聘人员的时候如同顾客到商场挑选商品，在考虑商品是否应该购买时，除了商品的实用性之外，影响顾客的第一个非常重要的因素就是包装。简历实际上就是求职者的"包装"或者说"产品说明书"，在与企业进行更深一步接触之前，简历的好坏直接决定着求职者是否能获取面试的机会。许多求职者只为自己准备了一份简历，希望在任何场合都可以使用，这是不明智的。每个求职者都应该为自己准备两份简历，一份是"通用型"，可以投向任何一家企业；一份是为自己喜欢和向往的企业制定的"专用型"。在其中要充分利用自己收集到的信息，有针对性地概括自己的情况。让企业透过简历了解你的水平，并体验到你的诚意。

一、企业筛选简历的方法

在动笔书写自己的简历前，每一位求职者都应该了解一下企业筛选简历的方法，这是非常有帮助的。

各种资料及统计数据显示，一份简历在招聘人员的手中停留不会超过 1.5 分钟。对于知名的公司更是如此，往往一个岗位的招聘就可以收到上百份简历。如果你的简历不能在短时间内迅速抓住招聘人员的眼球的话，基本上就失去了面试的机会。根据企业招聘人员的经验介绍，不受欢迎的简历通常都存在以下问题。

（1）简历太长，东拉西扯，长篇大论。招聘者没有时间，也不愿意看。
（2）简历中到处都是华丽的辞藻，过于抒情，显得矫揉造作。
（3）简历中自吹自擂，一味吹嘘自己的成绩。
（4）简历的纸张质量太差，看上去不够美观、严肃。
（5）简历中的文字排版混乱，或者字号过小，显得密密麻麻。
（6）简历中都是平铺直叙，没有突出的特点和业绩。

二、好的个人简历必须具备的要素

好的个人简历就是求职成功的一半，个人简历是用人单位了解求职者个人情况的最直接的途径，也是用人单位对求职者求职的时候所提出的最起码的要求。求职者求职的时候，必须给用人单位提供一份个人简历。一般而言，成功的个人简历必须具备以下几个要素。

（一）简明扼要，重点突出

有不少求职者认为，个人简历的内容写得越长就越能让招聘者更多地了解自己的情况，其实这是一种错误的认识。因为招聘者根本无暇顾及过于冗长的个人简历，如同好的广告用词都十分精练扼要一样，简历最好不要超过两页纸。能够在一页纸上清楚且完整表达的，就不要使用两页纸。

（二）主次分明，最重要的信息出现在最前面

每个人都有自己的特点，应该把最能吸引招聘者目光的特长写在最显眼的地方，例如每页的页首，以及每个标题下的第一项。同时为这些你想突出的内容留出较多的空间，以便添加更多让人信服的细节。

（三）强调成功的经历，用事实说话

不要在简历中只写结果，应该采用"从事的工作→结果"这种格式。对于自己过去的经历和收获，有精练详细的介绍。然后写上完成的结果，以及对自己能力提升产生的影响等。当然，要有针对性地介绍，不要不着边际地写上一大堆。

（四）使用恰当正确的语言

苍白无力的平铺直叙或者华丽的辞藻都不可取，在书写简历时也不能使用带有主观评

价色彩的词汇，给人留下自吹自擂的印象。应该尽量用客观有力的词语，给人诚实可信的感觉。同时注意不要使用拗口的语句和生僻的词汇，更不能出现病句或错别字。

（五）针对性强，充分体现求职的诚意

这是求职者在制作个人简历中最容易忽视的地方，也是招聘者潜意识里的希望。求职者制作个人简历的目的就是为了求职，没有诚意怎么算是"求"呢？求职者专门针对不同企业的不同职位制作简历，在个人简历中体现出来的十分诚意，让招聘者感觉到"你对我公司很重视"，认为你非常希望进入他的公司。而且很专一执著，而不是像有的人那样到处乱投简历。

（六）真实可信

真实是简历最基本的要求，虽然在简历中我们会尽量突出自己优秀的一面，忽略自己不足的地方。但只要是书写在简历中的内容都应如实地记录和陈述，让招聘者对你产生信任感是非常重要的。

【2-1-1】

小王没有想到他在简历中写上自己擅长英语会给自己带来这么多的麻烦，其实，他只是想说自己在学校里英语学得比较好罢了，他确实也是班上英语学得较好的一位。可是没有想到这个五星级大酒店的人力资源部经理还跟他较上了劲，非跟他用英语对上了话不可。他一下蒙了，后悔自己在"特长"一栏中写上了那句话。这次面试是否成功事小，还可以争取下一次机会，但其中的尴尬真让小王难受了很长一段时间。

小王应该怎么来写自己在英语方面的成绩？简历中自我表现的度是什么？

三、制作一份成功的简历

（一）简历的内容及格式

由于经历不多，学生的简历一般只有一两页，因而不妨使用长一些的句子让简历内容稍显丰富一些。但注意不要弄巧成拙，给人以啰嗦的印象。通常学生求职者的简历包括个人基本情况、教育背景、获奖情况、社会工作经历、社会实践情况，以及特长等。每个求职者都应该根据求职的岗位和个人的特点来排列顺序，把自己最好的一面放在最前面。

1. 个人基本情况

这个部分包括姓名、性别、出生年月、民族、籍贯、家庭住址、通讯方式、毕业学校、专业及学历等，可以在这个部分留出一定空间贴上自己的生活照，照片往往比文字更容易引人注目。

2. 教育背景

对于学生求职者来说，这是比较重要的部分。在罗列自己在学校学习的课程时不必把

所有开设过的课程都写在简历上,只要把与应聘职位相关的课程写上即可。

3. 获奖情况

不管有多少奖项,都可以一条一条地罗列清楚,因为这是求职者能力的最有力证明。如果曾经获得一些公司在学校设立的奖学金,那么就应该把公司的名称写上,招聘者会很感兴趣的。如果是应聘公司设立的奖学金,那么就更加有说服力,因为一般企业在学校设立奖学金的时候就已经考虑过要在获得奖学金的学生中挑选一些人才了。

4. 社会工作经历

许多学生在学校里承担了一些社会工作,比如学生会干部和社团的干事等。应当把这些经历写出来,证明你并不是一个只埋头苦读的人,还有一定的组织和交际的能力。

5. 社会实践经历

如果你曾经做过兼职的工作或者利用假期进行了社会实践,那么这是一个很有价值的材料。企业对学生求职者的最大担忧就是害怕他们不能很块习惯走出学校后的生活,不了解企业的用人标准和工作要求。有社会实践经历的人肯定更容易适应工作,更受企业欢迎。

6. 特长

一般招聘者不太关心求职者有什么兴趣和爱好,如果你有一定的特长,不妨列出来。说不定碰巧招聘者有相同的爱好或者企业的活动正好需要有一些这样特长的人呢?届时你就多了一个额外的获胜砝码。

【2-1-2】

蒙华军高兴地收到了面试的通知,他知道自己精心准备的简历发挥作用了。说实在的,在班上他不是老师眼中的好学生,上课经常开小差,学习成绩不是太好。临近毕业,他一直在后悔,不知该往自己的求职简历的成绩表上写些什么。后来他调整了简历表的顺序,把在假期打工的经历放到了前面,这是他最引以为傲的一点,希望能转移招聘者的视线。结果证明,他成功了。

如果制作你自己的简历,你把什么放在较为显眼的地方?为什么?

(二)成功简历的制作要求

1. 简历的规格和纸张颜色选择

制作简历应选择质量较好的纸张,一般使用 A4 规格的纸。纸质尽量要硬一些,通常 80 克~100 克左右的胶版纸张较合适,太轻的纸显得质感差,不够严肃。由于颜色容易给人以一定的联想,因此纸张的颜色以白色最好,其他浅色次之。太艳的颜色是很容易引人注目,但容易喧宾夺主,掩盖了简历的内容。除非应聘的职位属于艺术或设计类,否则不要使用过于大胆的颜色。

2. 简历的排版

简历中字的大小要适中,太大容易显得内容空洞,故意占版面;太小看起来费力,影响阅读者的心情。正文一般选择五号或者小四号宋体字,标题选择三号或小三号字即可,用黑体突出。

简历的排版要求设计清新醒目,四周留出适当空白。一般来说,上下间距一样,约 2 厘米~3 厘米,左右间距 1.5 厘米~2 厘米。每行之间不要过于密集,1.5 倍左右的行间距让人看起来比较清晰。

3. 简历的版面设计

经过精心设计过的简历会给人眼前一亮的感觉,单调的表格显得没有个性,密集的文字让人觉得阅读困难。不如把表格设计得规矩中有活泼,介绍个人基本情况时采用传统的表格栏目,表现你的真实严谨。在介绍经历和特点时采用大栏目的形式并适当增加一些特别的符号来标识,彰显你别具匠心的个性。这样的简历一定会从众多材料中脱颖而出,抓住招聘者的眼球。

4. 简历的打印

如果精心设计好的简历因为打印质量不好而让人失去阅读的兴趣,那就太可惜了。用喷墨或激光打印机把简历打印出来,尽量不要折叠、弄皱或者卷边;否则会让人觉得你不够重视或者认为你是一个做事毛躁的人。

范例:

个 人 简 历

姓　　名	张杨	性　别:	男	照片
家庭详细地址	南宁市武鸣县甲镇乙村	民　族:	壮	
身　　高	175cm	出生日期:	1995.10	
邮　　箱	zhang3@mail.com	联系电话:	13834567892	
通信地址	广西南宁市武鸣县甲镇乙村 123 号	邮编:	530000	
毕业院校	广西南宁高级技工学校			
专　　业	计算机网络应用	学　　历	技校	
特　　长	足球、跑步			
获奖情况	2011 年参加市职业技术技能比赛获二等奖			
主要经历	2001.9—2007.7 乙村小学 2007.9—2010.7 甲镇中学 2010.9—2012.7 广西南宁高级技工学校			
社会实践经历	2011 年 8 月 南宁电子科技广场 电脑网络设备销售			
自我鉴定	本人为人诚恳,思想积极向上,性格开朗,积极进取,有较强的团队精神。在校期间非常珍惜每一个锻炼和提高的机会,认真学习,踏踏实实地完成自己的每一项学习任务。面对工作,也会勤勤恳恳地去完成,一定做出应有的贡献			

四、求职信的书写技巧

求职信也叫"自荐信",它是集自我介绍、自我推销和求职行动计划为一体的文字材料。其中总结归纳了个人简历,突出了求职者背景材料中与招聘单位最有联系的一部分。一封行文流畅,思路清晰的求职信可以充分体现出求职者的语言表达能力和沟通能力。求职信通常附在简历前与简历一起使用,和简历一样重要。如果一份简历没有求职信,如同推销员在顾客面前还没有开口自我介绍就递上产品说明书一样。虽然很多招聘主管在看求职材料时,不一定有时间和精力阅读求职信,而是直接看个人简历,但是还是有许多招聘者把求职信作为对求职者的第一印象。因此认真并精心地准备求职信,是每一位求职者都应该做到的以防万一之举。

(一)求职信的内容和结构

求职信一般包括标题、称谓、正文和落款四个部分。

1. 标题

在求职信上方居中单独一行书写,如"求职信"或"自荐信",标题字体要比正文字体稍大。

2. 称谓

称谓是求职者对用人单位或者对用人单位招聘人员的称呼,如用人单位明确,可以直接写公司的名称。并且在前面加上"尊敬的"作为修饰,在后面写领导职务或者统称"领导",如"尊敬的××公司领导"。

3. 正文

正文通常包括四个主要部分,即自我介绍与写信理由、自我推销、愿望与决心,以及进一步行动的计划。

(1) 自我介绍与写信理由:求职者首先要感谢招聘单位抽时间阅读你的材料,然后交代清楚"我是谁"和"为什么写信"。交代"我是谁"就是做简单的自我介绍,如"我是××学校的学生,学习的是××专业,今年即将毕业。"尽量简明扼要;在"为什么写信"部分写清楚谋求的职位并告诉阅信者你对该单位的了解情况,可以说:"我在学校招生就业办公室的公告栏里看到贵公司的招聘启事,知道贵公司急需聘用几名数控车床操作工。我认为自己符合你们的招聘条件,希望能加入到你们的企业中。"

(2) 自我推销:这部分是求职信中最关键的一部分。求职者应根据应聘的职位要求,充分展示自己的求职条件,写清楚自己的特长,让阅信者感觉到你就是他们想寻找的人。在写的时候应有所针对,有所强调,切忌包罗万象的简单罗列,更不能自吹自擂。

你有什么可以在求职信中展现的特点和经历?哪些特点和经历可能是最让用人单位感兴趣的?

（3）愿望与决心：在这个部分求职者应首先写一些客套话，对招聘单位进行恰如其分的赞赏。然后表达自己希望加入的愿望，以及加入后的打算。

（4）进一步行动的计划：在正文的最后求职者可以告诉招聘单位自己的联系方式并提出进一步行动的要求。例如希望能接到企业的联系电话或者回复你的 E-mail，并用积极肯定的语气结束。

4. 落款

虽然有些招聘者未必会在意落款时你写了什么，但千万不要忘记给阅信人诚挚的祝福。写什么有时并不重要，但是如果不写，只会让人觉得你没有礼貌或者连基本书信格式都不会。

（二）求职信的写作技巧

1. 有针对性，引人入胜

任何一个招聘者对有关自己企业的信息都是很敏感的，因此在求职信中利用你收集到的信息，有针对性地介绍自己，发表见解。一定能迅速引起阅信者的兴趣，争取到进一步的面试机会。

2. 言简意赅，忌面面俱到

由于企业主管人事的领导每次招聘都要看大量的求职材料，因此拖沓冗长的求职信只会让人觉得厌烦。用最简单，但最有说服力的语言有针对性地概括自己的特长和经历。不要什么都想说，结果什么都不突出，反倒起了相反的作用。

3. 行文自然，忌矫揉造作

很多求职者为了展现自己的文采，喜欢使用华丽优美的辞藻，说一些豪言壮语。要知道求职信不是散文，不是求职者抒发情感的地方。矫揉造作的风格会让阅信者觉得空洞，没有实际的作用。

4. 具体明确，通俗易懂

不要使用模糊的字眼，多用具体的事情和数字来证明自己的才能。不要使用生字或者过于专业的术语，要考虑到阅信者的知识背景；否则容易引起反感。

5. 要自信而不要自傲

在写信时要使用肯定的语气充分展现自己的自信，不卑不亢。措辞要注意分寸，不要给人傲慢的感觉。毕竟，对于企业来说，宁愿聘用谦虚的人，也不愿聘用骄傲自满的人。

6. 真实可信，忌夸大吹嘘

有选择并真实地反映自己的情况，尤其作为涉世未深或刚刚毕业的学生，没有经验是正常的。不要随便使用"我到某公司实习，负责……"这样的字眼，宁可用"参与"；否则给人以夸大其词、自我吹嘘的感觉。

例文：

求职信

尊敬的领导：

  您好！

  我叫张杨，是南宁市武鸣县人，就读于广西南宁高级技工学校。谢谢您能够在百忙之中浏览我的这封就职信，让我有机会成为贵公司的一员。

  我所学的专业是计算机网络应用专业，在校学习期间，我刻苦用功，努力掌握好每一项专业知识，在计算机操作与使用、计算机组装与维修、计算机网络技术与应用、网页制作、操作系统与网络服务器使用与管理、网络布线与小型局域网搭建、中小型网站建设与管理等专业科目上都取得了一定的成绩。在学校生活中我也很注重搞好与老师、同学之间关系，尊敬师长，关心同学。同时我也是一个兴趣爱好广泛的人，经常积极地参加学校组织的各类文体活动。

  我最大的愿望是能够找到一个发挥自己能力施展才华的空间，在此向贵公司谋求一份工作能够展示我所长，为贵公司的发展尽自己的一份绵薄之力。即使我不幸没能得到这个机会，我也会以贵公司对员工的要求来严格要求自己，提高自己。

  祝愿贵公司事业欣欣向荣，蒸蒸日上。

  此致

敬礼。

求职人：张杨
2012 年 3 月 18 日

（1）制作一份求职简历。

（2）写一封求职信。

第二节　兵马未动粮草先行——面试前的准备

引例

  联想集团广西的办事处到某中职学校招聘文秘、业务员和维修人员共 6 人，招聘广告一出，有 50 多人报名参加面试。李军第一个进场，出来后同学们纷纷围着他打探面试的情景。李军沮丧地说："简直可以用煎熬来形容，面试官是个年轻的女性，可不苟言笑。打完招呼后她就盯着我不发一言，弄得我不知所措。我赶紧介绍了一下自己，结结巴巴。唉，后来更难受。她问的问题稀奇古怪的，我整个人都傻了，感觉没有哪个回答是让她满意的。一紧张，连平时很熟的专业知识都答不完整了。"

从以上的案例中，我们不难发现，李军同学对面试的要求和流程一无所知。面试前也没有准备，所以才会在面试中乱了方寸。

即使是充分准备，优秀的演员在上台时偶尔也会出现忘记台词的现象。而在求职中，有很多人都会因为懒惰，而不为面试做任何准备，总想着"到时看着办"。抱着这样的态度，面试如果成功，也只是运气好而已。用面试前等待的时间做好充分的准备才能在面试中从容应对，这是求职过程中步向成功的关键一步。

一、了解面试，有备无患

（一）面试的形式

有时应聘者要获得一个职位要经过几轮的面试，因此有机会参加面试并不一定代表求职成功，但招聘过程中能获得参加面试的机会说明应聘者离成功又走近了一步。有些应聘者可能在参加面试前与用人单位的某个部门的人员已经有过接触，但那不是面试。通常来说，面试就是用人单位为了更好地了解应聘者的全面素质而安排的与应聘者的正式会面。与简单的谈话不同，它是在特定情景下经过设计的一种有目的的测试，主要包括个人面试和集体面试。随着现代化技术的应用，目前面试从广义上来讲还包括电话面试及网上面试。在本书中，我们将详细介绍个人面试的技巧。

1. 个人面试

个人面试又称"单独面试"，指用人单位的面试官与应聘者的单独会面，这是面试中最常见的一种方式。在这种形式的面试中，面试官与应聘者能够得到较深入的沟通，面试官尽最大可能挖掘出应聘者的潜质。在这种面试中，应聘者所有的言谈都应围绕如何让面试官接纳自己。

2. 集体面试

集体面试是指用人单位同时安排的多人集体会面。在这种面试形式中，如何突出自己，给面试官留下深刻的印象，但不显得锋芒过露是应聘者应重点解决的问题。在集体面试中，面试官也会设置一些特定的场景，例如让应聘者进行小组讨论等以考察应聘者在小组中的个人沟通能力、分析能力及团队协作能力等。

3. 电话面试

电话面试是指用人单位在面对众多求职者时，为了进一步筛选人员而在安排面试前进行的电话访谈，它是应聘者在求职中遇到的第一个面试。

4. 网上面试

网上面试是指用人单位利用互联网与应聘者进行的面试，通常会以视频面试或者文字沟通形式进行。在互联网迅速发展的今天，网上面试由于直观、快捷、省时且节约成本而获得越来越多的企业的青睐。在这种形式的面试中，应聘者的文字功底，在视频下的表现显得尤其重要。

（二）面试的目的

无论哪种形式的面试，一般来说，其主要目的有几个。

1. 了解应聘者的基本情况

虽然用人单位从简历中可以了解到应聘者的许多基本情况,例如身高、体型、相貌、兴趣爱好和家庭状况等,但一个人的仪表、气质、言谈举止和精神面貌是不能通过纸张体现出来的。文明的举止、适度的言谈,以及端庄的仪表能说明一个人是否注意自我约束,做事是否有规律,有责任心。

2. 了解应聘者的智商

一个人的智商因素包括知识结构、个人能力及学习成绩等多方面,通常对知识的考核大多数是通过笔试来完成的,但用人单位有时也会在面试中通过问答了解应聘者对专业知识和其他知识的掌握情况。

3. 了解应聘者的情商

通过问答,用人单位可以从应聘者的反应中了解其自我控制能力。例如遭到无端指责或批评时是否能做到理解、克制及宽容;了解其态度是认真谨慎还是随意,是勇于创新还是保守;了解其人际交往能力,能否做到谈吐自然,并且交往恰当等。

4. 了解应聘者的综合素质

综合素质包括表达能力、应变能力及分析能力等。用人单位通过应聘者与面试官之间的互动,考查应聘者表述问题是否富有逻辑性、回答问题是否果断、表达是否流畅、反应是否迅速,甚至语音语调运用是否适宜等以判断应聘者的综合素质。

如果你是招聘者,你会选择什么样的人?

(三)面试的流程

为了达到面试的目的,面试官通常都会精心设计面试的场景。通常说来,面试都会有以下几个流程:

寒暄问候→自我介绍→向应聘者提问→轻松话题→向面试官提问

(1) 寒暄问候阶段是面试官对应聘者的第一印象,礼貌得体的问候尤其重要。

(2) 在自我介绍过程中,应聘者的表达能力将得到充分展现。为了取得好的效果,应聘者可以在面试前准备好要讲演的内容,语言尽量精彩简练,争取背诵熟练并多做模拟练习。这样,在正式面试时就能轻松自如地发表精彩演说了。

(3) 面试官向应聘者提问的阶段是整个面试的主体,由于面试官直接控制这个环节的进展,应聘者处于被动的地位。因此这个环节也是最难的部分,直接决定应聘者最终的成败,应聘者应在面试前做足功课才能保证顺利过关。

(4) 轻松话题中其实并不轻松,应聘者在较放松的情况下往往会透露出最真实的本性,因此不能轻易上了面试官的当。

(5) 面试结束前面试官往往都给应聘者机会提问,此时提出问题的水平如何往往会在最后一刻扭转面试官的结论。事先准备好与众不同，又颇具水准的问题是很必要的。

二、知己知彼，面试前收集信息

通常在面试时，应聘者将会与企业人事部门的负责人，甚至企业分管人事的高层领导会面。能否被录用，取决于面试官对应聘者的考核。实际上，任何面试官都会倾向于选择对企业有一定了解的人，因为这起码体现了应聘者的诚意和努力。同时，由于对应聘者的评价是由人做出的，有时候面试官做出的决定不一定完全客观，而是凭感觉，因而面试者的态度也非常重要。面试前应尽可能了解招聘企业和面试官的情况，做到心中有数，这样在面试中的表现针对性会更强。

 【2-2-1】

某同学在应聘世纪联华广西柳州分公司之前，首先特意到公司设在柳州的各个超市进行了一番考察。对世纪联华的经营理念、市场定位、目前规模和发展目标有了相当的了解，从公司的宣传栏里了解到了比较详细的背景资料。接着，又上网查阅了许多关于世纪联华及其他国内外连锁经营的管理知识。在此基础上，他还认真总结整理出一份"我对联华的九点建议"。为了争取在面试中成功，他还专程找到一个在公司工作的亲戚，了解到面试可能会由世纪联华人力资源部的部长主持。他仔细询问了部长的个性与工作作风，并知道部长爱好踢足球，于是在自我介绍中他特别加入了自己的兴趣是足球并享受团队合作乐趣的内容。面试采取的是集体面试，第一个问题便是：你对世纪联华有多少了解？考场内鸦雀无声，而该同学却暗自庆幸："头筹非我莫属"。果不其然，当他对世纪联华的一番陈述并递上"九点建议"的时候，张部长连连对他点头。在随后的自我介绍中，他再次看到了部长赞许的目光。最终他从80多个竞聘者中脱颖而出获得了职位。

这位同学为什么能够顺利地通过面试？

（一）收集信息的途径

要掌握招聘单位或面试官的信息，应尽可能地挖掘一切可能的途径以获取最全面的资料。通常，中职学生可以通过以下途径收集信息。

1. **学校招生就业办公室的老师**

由于工作关系，招生就业办公室的老师通常会和较多的企业打交道，对企业比较了解。如果是由他们组织的招聘面试，通常会对前来招聘的企业进行调查，并且和前来招聘的面试官也有过较多的接触，对信息掌握得比较全面。

2. **父母、亲戚和朋友**

这些人的社会经验一般比学生丰富，信息来源更广。

3. **相关的网站**

许多企业拥有自己的网站，有的会在一些相关网站上有自己的网页。通过上网查询，应聘者可以了解到企业的基本情况和近期的动态。

4. **企业的简报或宣传栏**

企业的简报和宣传栏中的信息通常比网站上的更深入，甚至更真实，对应聘者详细了解企业很有帮助。

5. **企业的在职人员**

如果可能，亲自到企业去一次，感受企业的工作和管理氛围。想办法在不影响别人工作的情况下与在职人员进行一些沟通，他们的介绍可能未必深入，但也可以获得一些十分有用的提示。

6. **请求企业提供一些介绍资料**

面试前到相应的企业了解情况，请求企业提供一些介绍资料，对应聘者来说也是很重要的。

（二）了解招聘单位

应聘者调查了解企业的主要目的是尽力把自己的长处与企业的需求紧紧地联系起来，向面试官证明你是招聘岗位最合适的人选。了解企业，做好面试前的准备主要从以下几个方面着手。

1. **弄清楚企业的名称**

许多人不能够准确无误地说出自己应聘企业的全称，而习惯说企业的简称，这可能会形成误导。例如许多人会谈到广西柳州市五菱公司，是指"上汽通用五菱股份有限责任公司"还是"柳州五菱有限责任公司"？不熟悉的人很容易误解。试想如果在面试的时候应聘者说错了公司的名称，面试官会如何？

2. **了解企业的性质和背景**

企业属于哪个行业？生产哪种产品？是国有还是民营的？是合资还是独资公司？企业文化是什么？每类企业都有着不同的特点，也有不同的人才需求，因此了解招聘企业的性质是求职者必须要做的功课。

3. **了解企业的经营情况**

例如了解企业的规模、业绩、发展历史和前景，以及现阶段面临的困难和问题等。了解这些内容以后，应聘者可提前做好相关问答的准备。在面试中，可以告诉面试官自己对企业经营生产的一些看法和建议，以及如何成为企业有价值员工的计划。应聘者的看法和建议未必一定准确有用，但是有想法会思考、关心企业前途的员工肯定最受企业欢迎。

4. **了解企业的内部组织结构、人才结构、工作方式和一些岗位的职责**

尤其是招聘岗位的工作职责，在面试时尽可能说出相关的信息以证明自己可以胜任这些职责。

（三）了解面试官

（1） 最好能打听到面试官的姓名，以保证面试时能准确地说出。这样做会让面试官体会到你的细致和诚意，有了良好的开场，面试将会轻松顺利。

（2） 要尽可能地了解到面试官的性格、为人处世的方式、兴趣及爱好等，这样应聘者在面试中可以处于十分有利的地位。有策略地引导谈话向其关注的方面发展，促使他有赞同的感觉。但注意把握分寸，不要明显地一味迎合他。

（3） 了解自己与面试官有没有共同之处。例如是否来自同一个地区？有没有共同认识的人？在面试中不着痕迹地提及，对于特别注重人情交往的国人是非常有效的。

三、面试设计与模拟演习

了解面试并收集招聘企业的信息之后，应聘者应该着手为面试表现进行设计并模拟面试的训练阶段。只有精心的准备和充分的训练才能让自己在面试前做到胸有成竹，轻装上阵。

（一）面试表现的设计

（1） 为自己设计好针对性强的自我介绍，记住无论你在介绍自己的个人经历、社会实践，还是学习情况、兴趣爱好时都必须充分利用前期收集到的信息围绕企业的需求来进行，字里行间都不着痕迹地透露出让别人信服你是招聘岗位的最佳人选的信息。将自我介绍反复修改并背诵下来，保证面试时能自然流利地说出。

（2） 对面试中可能会提及的问题进行估计并准备好答案，前面我们已经提到了面试中企业的目的，围绕这些目的来推断面试官可能会提的问题。罗列清楚，然后运用前期收集的信息设计自己独到的答案，记录下来并熟记于胸。

（二）模拟面试，战术上重视

仅仅背诵常见的问题和答案并不能快速提高你的应聘技巧，面试毕竟不是背诵而是交流。在面试的准备过程中模拟是非常有帮助的，在模拟的过程中可以寻求家人的协助，也可以邀请同样处于求职阶段的同学或朋友共同进行。但是在与同学模拟时，如果你们选择的是同一家企业，那么就有可能会因为共同的练习而使两个人的许多观点相同。在实际面试时就不会给面试官独特的感觉了，所以最好避免与到同一家企业应聘的同学共同练习。模拟可以按照以下步骤进行。

1. 熟悉和扮演角色

先让你的同伴熟悉你应聘企业和面试官的情况，帮助他成功地进入面试官的角色并能适当地发挥。扮演角色应该从入场和握手开始，完全仿真，允许你的同伴提一些你事先并没有准备的问题来锻炼你的灵活应变能力。

2. 分析提高

模拟面试完毕征求同伴的意见，询问自己的表现，共同分析成败，商议提高改进的办法。也可以用录像机记录模拟过程，事后播放。从中你就可以看到面试中自己的表现，一些细节的问题也将暴露无遗。

3. 互换角色

这一次由你自己来扮演面试官，通过扮演面试官会让你有不同的感受和思维方式，这样做的目的是让你换一个角度来审视自己的面试表现设计是否完善。同时从企业的角度来判断同学的表现，学习其长处，避免其不足。

4. 总结定稿，反复练习

根据前面的模拟把自己面试的方案定下来，有时间的时候反复练习，强化意识。争取在面试前把一些习惯性的毛病改掉，保证面试万无一失。

四、从头发武装到脚趾，注重面试的仪容仪表

虽然企业都强调不以貌取人，但在面试中得体的仪容仪表的作用是很微妙的，绝对是给应聘者加分的项目。当然注重仪表并不意味着一定能找到工作，但是邋遢必定是找不到好工作的，面试的着装要讲究干净、整齐、大方。

【2-2-2】

小王学的是广告设计专业，一贯注重个性化的表现。在学校期间，常常因为穿着奇特，留长发并染发被老师责问，甚至为此受过警告处分。临近毕业，班级同学陆陆续续找到了工作单位离开了学校。在求职等待期间小王认为没有人再理会他的头发了，工作单位一般都不禁止员工染发，于是他到发廊染了一头金发。某广告公司到学校招聘设计人员，小王带着自己的毕业设计作品充满信心地参加了面试。没有想到，进入面试现场后面试官的第一个问题竟然是："你们学校允许学生染发吗？"，为此，小王失去了一个工作的机会。

显然，仪容仪表是否得体不仅关系到能否给面试官留下一个良好的印象。对于学生，它还体现了你是否是一个遵守纪律的人。

（一）女士篇

1. 服装

一般情况下，女性面试时应为自己准备两套以上正规的套装以备应对不同性质招聘单位的面试，不能选择过于暴露或休闲的吊带衣、超短裙、露脐装和短裤等。着装的色彩应以深色为主，提倡黑色或灰色等。如果选择色彩跳跃的，服装也应以单色为主，不宜太过花里胡哨。作为中专毕业的学生，穿着有些学生气的服装是常理。选择的套装应该避免过于成熟，充分体现年龄的特点。如果没有条件为自己专门添置面试的衣服，那么也应该保证选择的衣服符合你应聘岗位的特点。如果招聘面试是在校园内进行，那么选择校服永远是最安全的。

2. 面试妆

面试妆以淡雅为宜，不能浓妆艳抹，过于娇娆。适当用些与自己皮肤颜色接近的粉底液使皮肤看起来清爽白皙，但注意不要忘记脖子；否则黑脖白脸是很失礼的事。眼部可以修饰一下眉毛和眼线，眼影不要涂得太浓。如果不擅长化妆，则一定要慎重使用眼影；否

则会起到相反的效果。口红要选择与衣服搭配的颜色，干裂及脱皮的嘴唇应先涂抹一层润唇油再上唇彩，使唇色亮丽而有光泽。

3. 发型

发型对于一个人的整体感觉很重要，应根据自己的脸型来修饰头发，但注意发型应庄重大方。如果头发长度不超过肩部，梳理整齐即可；如果是长发，最好扎起来或者做成流行且职业的发型。特殊发型和炫目的颜色是不适合的，除非应聘的是艺术类或美容美发等相关职业。

4. 鞋子和袜子

面试时穿的鞋子不能样式奇特，鞋跟不宜过高，颜色与服装相配。选择的袜子也应该是不张扬的颜色，丝袜以肉色为宜。夏天最好不要穿凉鞋，更不宜将脚趾甲涂上颜色。

5. 装饰品

面试时佩戴首饰不宜过多，一定要避免珠光宝气，简单的项链和耳环足以对服饰起到点缀的作用。但应注意耳环应选择贴着耳朵的，否则会给人累赘的感觉。有一些职业，如餐厅服务员是不允许佩戴首饰的，应聘者应特别注意。手表不能过于花哨，容易给人稚气的感觉。准备毕业的学生不应该戴首饰。

6. 香水

气味较淡的香水是可以使用的，在耳背及手腕处轻抹一些将给人以神清气爽的感觉，而过浓的香水作用适得其反。如果是夏天，使用香水更应该慎重。用一些止汗香露是有必要的，尤其对于出汗多体味重的人。

（二）男士篇

1. 服装

西装是永远的选择，颜色应该不张扬，深色为主，但尽量不穿黑色；衬衫最好是白色的，柔和的其他颜色也可，但最好是浅蓝色和浅黄色的，不宜穿条纹或有花纹的衬衫；领带颜色以低调的色调为主，图案越简单越好。中专刚毕业的学生由于年龄原因很少人有西装和正式的衬衫。但作为应聘者，穿着正式一些的衣服告诉别人自己已经不是孩子了还是很重要的，至少不应该穿着球服或者短裤去面试。

2. 皮鞋

皮鞋应选择黑色，样式不能夸张。鞋底不要有铁皮，否则走路时太响很难听。面试前应仔细擦擦自己的鞋子，不应该穿着满是灰尘或泥浆的鞋走入面试现场。如果选择穿休闲裤，也应该穿相配的皮鞋。如果穿运动鞋，一定要事先刷干净。

3. 头发

男性的头发同样也应该根据脸型来梳理，面试前洗头让头发看起来干净整齐是非常重要的，长度应该以短或者中等为宜。如果你的头发总是不听话，那么使用一些发胶是必要的。要不然就干脆剪成平头，说不定反倒显得精神。除非是艺术家，否则不要留披肩的长头发或者染发。

4. 面部

男士不需要化妆，除非应聘的职位是演员，但是要保证仔细地刮过脸。满脸油光或者青春痘容易给人邋遢的感觉，所以在求职的日子里有必要护理好自己的面部。

5. 饰物

越来越多的男性把手表作为自己的饰物，但应注意颜色和款式都不应张扬；否则容易给人留下稚气或者轻浮的印象。除了手表以外，男性不应佩戴任何饰物，耳环或者项链都容易给人错觉。

6. 香水

男性不要使用香水；除非少量使用一些专门为男性设计的古龙水，这样会给人以清爽的感觉。对于出汗多体味重的男性，止汗香露同样也很重要。

你平时的穿着打扮是否适合面试，为什么？

五、成功的面试礼仪

 【2-2-3】

小丁很高兴进入了复试，在面试中他表现得很好。无论在自我介绍还是现场的考试，他都完成得不错。身为学校戏剧团的骨干，他还现场即兴表演了一个小品，赢得了面试官们的称赞。当他结束面试走出办公室时，门口的接待小姐告诉他："你是今天表现最出色的一个。"他自己也以为稳操胜券了，但最后等来的结果却是不录用。他百思不得其解，忍不住打电话给那位接待小姐询问原因。小姐沉默了一会，告诉他："其实招聘的面试官大多数对你都挺满意的，但是你败在细节上。公司认为作为销售人员，给客户的直观印象是非常重要的，但是你大大咧咧的表现实在没办法说服大家录用你。"

这个惨痛的教训让我们不得不感叹，细节也是我们在求职过程中应该留神的问题。

（一）进门的艺术

进门前确认自己的手机已经关机或调到了振动，应该记着，在敲门或者面试官叫你的名字的时候，你的面试就已经开始了。无论面试办公室的门是开着的，还是掩着的，在进入门之前都必须敲门。敲门声音不能太大，否则容易让人觉得你很鲁莽；也不能太小，否则容易让人觉得进来的人是一个过于谨慎而胆小的人。

走入面试现场的时候，无论你有多紧张，都应该抬头挺胸收腹。步幅与平时一样，步速要适中，面带微笑地看着面试官从容地走到他的前面。

进屋后若发现面试官正在埋头书写对一个人的评价，或者几个面试官正在低声交流，请不要打扰，应自觉安静地站在门边等候；除非面试官示意你先坐下。进屋后就应该听从面试官的安排，不要东张西望，动手动脚或者中间插话。

（二）见面握手

许多人认为握手是无师自通的事，没有必要事先了解，所以很少人会做专门的练习。然而，如何握住陌生人的手，怎样摇动，时间应该有多长恰恰是第一次通过接触传达信息的重要问题。有些外企把握手作为衡量一个人是否专业、自信，并且有礼貌的重要依据，坚定自信的握手能给面试官带来好感，让他觉得你是懂礼之人。

一般来说，入场后面试官没有起身的话就不必与之握手。通常情况下，应聘者应该等面试官主动伸出手来才能握手。当然，当面试官是男性，而应聘者是女性的话，通常他会等应聘者先伸手；除此之外应聘者都不应采取主动。

握手时一般是握右手，除非对方先伸出左手。拇指和食指成 V 字形，伸出时手掌不能弯曲。握住对方三分之一到一半之间手掌较为合适，握得太少，让人觉得缺乏诚意。力度应适中，太柔弱会让人觉得你缺乏自信或者不够果断；太重则容易显得莽撞。握手摇动时是上下摇动，一般摇动两三下就自然松开，力量从肘部发出而不是腕部；否则会弄痛对方。握手时应面带微笑正视对方，不要环顾左右，显得躲躲闪闪缺乏自信。

（三）接递名片

有时候，面试官会给应聘者名片，记住用双手接。接过后应先阅读名片上的信息，然后再认真地放进自己的口袋或包中。如果应聘者为自己准备了名片，也可以递给面试官。考虑到对方阅读的方便，应先把名片调转 180º 再递给对方。

（四）寒暄

进入面试的办公室后或者握手或递名片之间应说句寒暄的话，例如"您好，我叫某某某，很高兴见到您"，"感谢您给我面试的机会，很高兴能见到您"等。

（五）站与坐

俗话说，站有站相，坐有坐相。如果面试的办公室并没有为应聘者准备坐椅，意味着面试过程中你应该站着。站立时应该做到落落大方，不要紧张地握拳、不停地搓手或者下意识地弄自己的衣角或资料，可以自然把双手交握于前。男性还可以把手背在身后，说话的过程中可以伴有得体的手势，但不要挠头抓脸；女性双脚成丁字自然站立。男性则可以双脚分开大致与肩同宽，站立时应该挺胸收腹，不要晃动身体或在讲话的过程中东倒西歪。

如果面试办公室设有坐椅，那么在面试官叫你坐下之前不能自己坐下；否则别人会认为你没有礼貌或者很傲慢。坐下后翘起二郎腿会显得你很散漫，但是坐得过于直板，小腿和身子，腰部和腹部都成 90º 并不见得好。女性通常应自然将脚交叉或者双腿一并侧斜，穿裙子时更应注意，双手交握放在大腿上；而男性双脚自然分开与肩同宽，双手自然平放在膝盖上方。最好不要靠在椅子上，坐满椅子的三分之二即可。

随身携带的包或者文件袋不要随意放置，如果站立，则背在肩上或者拿在手里；如果坐着，可以放在椅子边或者放在大腿上拿着。注意在讲话时不要摆弄拉链或者背带，这样效果不好。

（六）饮水

如果在面试时别人给你提供了一杯水，应该站起来接，同时表示感谢。一次性的水杯通常比较轻，水可能会很烫，拿的时候小心；否则会很狼狈。水杯放在离桌子边远一些的地方，喝不喝没关系，但要避免面试时由于专注不小心碰倒。喝水忌讳发出声音，这是国际礼仪常识。如果没有形成良好的习惯，容易使人反感。

（七）肢体语言

（1）时刻记得让面部挂上自信轻松的微笑，法国作家罗曼罗兰说："面部表情是多少世纪培养成功的语言，是比嘴里讲的更复杂千百倍的语言。"应聘者应该时刻面带微笑，使对方产生亲切、友爱和满意的情绪，为交流创造良好的气氛。但是微笑不能伪装，应该有一点变化。思考时要严肃，倾听时要认真；高兴时要欣喜，要克服似是而非模糊不清的表情。

（2）要注意眼神的交流，面试时应聘者应该要注视着对方。通常应该看着对方的眼部，但是不要死盯着别人，要让对方从你的视线中感到你的真诚、友善、信任和尊重。如果面试官不止一个人，说话的时候你应该要经常用目光扫视一下其他人，以示尊重和平等。

（3）注意举手投足，说话时加适当的手势可以加强语气，但是动作不能夸张，可以在面试前练习一下。许多人在说话或者聆听时会折纸或者转笔，这样会很不严肃。乱摸头发、耳朵或者捂着嘴笑都是紧张缺乏自信的信号，而且不要吸烟或嚼口香糖。

（八）语言交流

面试时说话语速和音量都应适中，语气不卑不亢。许多人误以为面试时自己多说一些才是最好的推销，所以往往抢着说话，甚至打断对方的讲话。这是没有礼貌的行为，并且会冒言多必失的危险。应该善于倾听面试官的讲话，面带微笑，不时点头赞许。面试官愿意多说，说明他对你感兴趣，愿意向你介绍情况。当遇到与对方有分歧时，应该记住面试不是争论的场合，应该避免争执。

（九）面试结束

面试结束时许多人都会有如释重负的感觉，有的甚至给人仓皇逃跑的感觉，给人的印象大打折扣。面试结束前应该用一些正面的语句来结束，可以告诉面试官，你比面试前对这个工作更有兴趣，也可以用"我不会让你们失望的"等类似的话来结束。当面试结束时，应该轻声起立，礼貌地与面试官致谢道别，然后轻轻地将坐椅放回原位。

【2-2-4】

"天啊，我不知道该怎么形容我面试中的表现！"陈红在参加完面试后忍不住抱怨，"没想到面试官还会跟我握手，我不知道他发现我的手在抖没有。从走进办公室那一刻，我感觉自己像个傻瓜，连椅子都不知道怎么坐了。"但是陈红还是收到了录用的通知，出于好奇，到单位上班后她从人事处打听到了答案。即虽然陈红在面试中在礼仪方面有一些生硬，不完全符合要求。但可以看出她基本是一个懂礼貌的人，公司认为她其他方面都不错，可塑性较强，所以决定录用她。

在这个案例中，陈红是幸运的，遇到了宽容的面试官。陈红的表现这在中专刚毕业的学生的面试中是很常见的事，由于长期都把自己当成孩子，很少去关注成年人交往的细节，因而面试时往往会觉得不知所措。

你平时有什么不好的行为习惯？班级里的其他同学呢？

六、面试24小时倒计时

离面试只有24小时之时，求职者应该继续做准备。并且调整心态，进行最后的冲刺。

（1）面试前一天，为了避免迷路，应该先到面试地点去一次。了解前往的路线和大约需要的时间，要把路途中可能堵车的因素考虑进去，避免到时手忙脚乱。

（2）出发前再检查一次需要携带的材料和物品，面试需要携带简历、各种证书的原件及身份证。如果你有某人的推荐信，或者平时的一些作品也应该带上，注意要带两支笔和一个记录本以便记录面试中的信息。此外，还应带些个人用品，如手表、面巾纸、梳子和镜子等，以保证提前到达面试地点后，可以再次修饰一下在路途中被破坏了的装扮。睡前把所有的东西集中装好袋，放在显眼的地方。这样出门前就不会手忙脚乱，丢三落四了。

（3）面试前夜应保证不熬夜，不喝酒，正常作息，保证充足的睡眠，只有这样才能看起来精神焕发。

（4）睡觉前再把准备的个人材料看一遍，并且再进行一次模拟面试。大声说出你的自我介绍，以及为什么你是公司招聘职位的最佳人选。把要点记录在卡片上，以便在面试等待时可以温习。

（5）出门前洗个澡可以让你神清气爽，面试前的一餐注意吃一些清淡的食品。不要吃辛辣或者气味重的食物，避免突然拉肚子或者口气不好。餐后应该漱口或刷牙，不要吃得太饱，以免面试时忍不住打嗝。

（6）至少提前半小时到达面试地点，首先到卫生间检查一下自己的仪表有没有因为路途的奔波而破坏。洗洗手，保证握手时不给人不干净或汗湿湿的感觉。用随身携带的面巾纸擦擦脸，用梳子重新梳梳头。再擦掉鞋上的灰尘，不要油光满面或者灰头土脸地进入面试现场。然后到等待地点坐下来，默默温习一下自己要讲的内容。让自己的情绪平定下来，等待进入面试。

（1）假设上汽通用五菱股份有限责任公司即将面试招聘装配钳工、电焊工和文秘等人员，请通过各种途径收集公司的信息，做好面试前的准备。

（2）根据自己应聘的职位，为自己做一次形象设计。

第三节 面试的艺术和技巧

引例

"我没想到我会被录用。"王强在参加完广州某港资公司在学校的面试后说道。是的,谁也没想到在面试的过程中,严厉的中年女面试官居然对一个中专毕业生提出了这样的问题:"你有女朋友吗?如果你到广州工作,她同意吗?"谁都知道中专生谈恋爱是被禁止的,可王强居然在毫无准备之下回答:"有啊,她不同意。"坐在一旁观看的老师直摇头,王强清醒过来,想到老师平时给大家做的问答训练,心想这下完了。"那你为什么还选择我们公司?"王强看着女面试官试图挽回,于是诚恳地说:"我妈妈说应该去,妈妈比我们有社会经验,我听她的。毕竟现在应该以事业为主,如果女朋友想不开就算了。我听妈妈的,妈妈只有一个。"

显然,王强的挽回是成功的,他抓住了中年女性的心理,因为说不定她也有一个这个年龄正在谈恋爱的孩子。

一、面试的技巧

面试无疑是激烈、紧张,并且充满挑战的,无论应聘者在事先做了多少准备,面试中都会有意想不到的事情发生。了解面试的技巧并加以运用,会让你的面试更加顺利。

(一)说话的技巧

在面试的谈话中,由于面对的是决定自己成败的陌生人,周围还有强手如云的竞争者,很多人不知道如何启齿而坐失良机。掌握一些面试的技巧对求职者来说是必不可少的。

1. 开口前明白说话间应传递的信息

应聘者应该时刻记住,无论说什么,都必须向面试官透露以下信息。

(1)你是该企业未来有利的资产而非包袱,你拥有帮助企业解决问题的能力。

(2)你有着明确的人生目标和强烈的工作意愿。

(3)你善于与人沟通,有团队合作的能力和较好的人际关系。

(4)你诚实正直,值得信赖。

2. 三思而后行,开口前先想好自己要说什么

面试官的策略就是让应聘者多说,目的是了解面试简历中没有提供的信息。俗话说言多必失,因此应聘者在开口前一定要在脑子里快速地思考一下再说出来。同时把握原则,该说的就说,不要求说的不要画蛇添足免生事端。想在短时间内让面试官都了解自己是不可能,也不可取的。

3. 突出重点,简捷明了

对于面试官提出的问题,回答时应把握重点、简捷明了、条理清楚,并且有理有据,不能简单到只用"是"或者"不是"来回答。通常回答问题要采取演绎法，结论在前，然后逐一论证，论据的要点不要超过三个。这样能体现你思路清晰，如果万一面试官中途打断你的讲话，你也已经把想表达的观点说完了，切忌漫无边际的清谈。

4. 确认所提的问题，切忌答非所问，不知所云

面试时如果对面试官提出的问题一时摸不着边际，可请对方重复一遍，也可以说："对不起，我想您的意思是……对吗？"一定要搞清楚问题的重点。当然，面试中有些紧张是不可避免的，坦率并谦虚地告诉对方"对不起，我有点紧张"是可行的。对自己不会有消极的影响，反而能体现你的诚实与坦率。在弄清楚问题后，你的回答才能有的放矢。

5. 形成自己的风格和见解

在一次招聘中，面试官面对众多的应聘者，提出的问题肯定会有很多重复。他们自己都不知道提了多少次同一个问题，也不知道听了多少遍相同的答案。因此，面试官会有枯燥并乏味的感觉，只有独到的见解和有特色的回答才会引起对方的注意。记住不要模仿别人，人云亦云。

6. 恰当地谈论自己

面试时谈论自己是很正常的，但切记不要谈得太多。招聘面谈的技巧之一就是要有对方意识，谈话时论及自己适可而止。话题应该更多地围绕企业，以面试官为中心来开展。这样对方会感受到你的尊重，感受到你的重视。当观点与面试官相同时可以用"我也……"这样的句子来表示认同，只要你赞同对方，就可以获得别人的好感；否则很容易给人留下骄傲自大的印象。

7. 勿逞强好胜

当在面试中出现观点上的分歧，切记不要逞强好胜争论不休。面试场不是战场，面试官不是敌人或者对手。应该学会聆听不同的声音，微笑地看着对方，尽快结束这个话题。如果面试官误解了你的意思，不能鲁莽地说："你没听懂我的话。"或者说："我不是那个意思"，应该委婉地请求："我想解释一下刚才说的话。"

8. 巧妙地提出反对意见

有时你不得不表达你的反对意见，那么记住要先对面试官的观点表示赞同后再提出自己不同的看法。这样可以减轻冲突，甚至让对方轻易接受你的观点。在表达观点前可以说："我的看法可能不大周全，也可能有错。"等类似的话，为自己留有余地。

9. 诚实为本

在谈话中应尽量给人以诚实的印象，回答问题切忌躲躲闪闪，不要虚伪地一味迎合对方。对于面试中回答不出的问题，应坦率地承认，并告诉对方："以后我会加强这方面的学习。"不能不懂装懂。

10. 稳定情绪，表达流利，吐字清晰

语言表达能力是企业非常看重的问题，克服胆怯紧张的情绪，流利地说出自己的观点。保证声音洪亮，吐字清楚，语速适中也是取得成功的关键。

（二）灵活应对

1. 应对不同的面试官

前面提到，面试是对应聘者的考核，但最终的判断是由人做出的，因此未必客观准确。了解面试官，在言谈中尽量赢取他的认同非常重要。

有些面试官的提问非常尖锐，对于应聘者的回答有时表现出轻视的态度。让不少应聘者觉得无从应对，甚至觉得尴尬。只要明白，面试官可能在考验你的应变能力和胸襟，你就不会觉得难受了。此时不要忘记继续保持谦虚诚实的风范，不要被他干扰了你的心情，按照你事先准备的继续进行应答就可以了。

有些面试官看起来热情有余，无论语言上还是行为上都让你感到意外。他总是夸奖你，而且表现出很谦虚的样子。你不要被此迷惑而放松了警惕，变得狂妄自大。这一类面试官通常有着非凡的洞察力，故意营造出轻松的氛围让你在放松中暴露出自己全部真实的一面。

有些面试官一直都是面无表情的，他们不是过于专业，就是早已习惯了这一类的招聘面试，已经没什么热情了。对于这一类的面试官，应该注意寻找他感兴趣的话题。当你在谈话的过程中，如果他突然抬起头看着你或者突然停下手中的笔，那么就到了你表现的时候了。抓住这个难得的时机，使他认同你。

还有一些面试官喜欢侃侃而谈，使应聘者很少有机会表达观点，那么你应该认真地倾听。并且不时表示赞许，体现出谦虚明理的样子。轮到你发表看法时，尽量简短，注意观点尽量不要与他有所分歧。

不论是什么类型的面试官，记住他们是为招聘人才才来到面试现场的，绝对不是为了为难应聘者而来。大多数的问题都是为了对你形成全面准确的认识，因此要时刻保持冷静，不能因为面试官的言行而干扰了自己的心情。

2. 提防面试中的陷阱

案例【2-3-1】

韦娟参加了某个知名企业的面试，她提前来到了等待面试的会议室。让她惊讶的是，这里根本没有想象中大公司井井有条的场景，会议室里只有一个公司的接待员，忙碌地在整理应聘者的资料。其余都是等待面试的人，喝水需要自己倒。大多数的人都三三两两地聚在一起喝水聊天，有的男性默默地坐着吸烟，等待接待员叫到自己的名字。会议桌子上散落着空纸杯，接待员办公桌的附近散落着一堆废纸。唉，看来这家公司大概也是名声在外而已，韦娟心里不免有些失望。还有十个人才轮到韦娟，她放下包，下意识地把会议桌上的空杯子收拾好放进垃圾箱，顺便帮接待员拾起了地上的纸张。然后默默地坐下来，拿出准备好的资料准备再温习一遍。这时，从会议室的内间走出来一位中年女性，她径直走到韦娟面前说："小姐，请把你的简历给我。如果没什么大的问题，你被录用了。"韦娟在众人诧异的眼光中完成了她的面试。

想一想

韦娟参加面试了吗？那位中年女性为什么说韦娟通过了面试？

面试中许多不经意的环节说不定就是面试官故意设下的圈套，目的在于考查应聘者的观察能力和基本素质。所以应时刻记住，从走进公司的大门开始，实际上已经进入面试了。可能在你毫无察觉的时候，你已经失去了成功的机会。故意洒落在地上的文件和笔，热情递过来的香烟，假装丢三落四的面试官等，都可能是你的试题。

二、短兵相接，面试的问与答

面试前，面试官对应聘者的印象只是简历中写在纸上的一点点。面试中，通过提问交流，面试官逐渐了解应聘者的能力、性格，以及处事方式等方面的信息。诚实巧妙地回答这些问题，是应聘者步向成功的关键。以下这些是最常见的问题。

1. 请简单介绍一下你自己

分析：这个问题经常作为第一个问题提出，这是为了对应聘者有个大致的了解，通常后面的交流会围绕你对这个问题的回答展开。

解答：自我介绍不宜过长，控制在一两分钟较为合适。因此必须突出重点，不要什么都想说，这样别人什么印象也没留下。根据公司和应聘岗位的特点，突出回答你在这方面的优点即可。

例如：你应聘的是钳工，那么你应该把重点放在技能方面的学习情况，取得何种职业资格证书，以及曾经获得过什么技能比赛的奖励。根据钳工工作的特点，还要让对方知道你是一个勤劳肯干，做事严谨的人。

2. 你觉得最大的缺点是什么？

分析：听到这个问题你不用觉得尴尬，人无完人，有缺点是很正常的。面试官问你这个问题最主要是看你对自己是否了解，有无自知之明，并且是否坦诚。能直面缺点的人是值得尊敬的。

解答：回答"没什么大的缺点"是不明智的，说明你是个狂妄的人。当然，也不能把自己致命的弱点暴露在面试官面前，那无疑是自绝后路。要诚恳地说出自己的缺点，但在面试官听起来觉得无伤大雅，又像是优点。但注意分寸，否则你的小聪明会给人留下滑头的印象。

例如："我脾气太急了"，具体表现在做事情总喜欢一口气做完，不喜欢拖拉。对于磨洋工的，总是不给面子责怪别人。这些听起来让人觉得可以理解，给人以雷厉风行的印象。如果应聘的职位是会计，你不妨说"我太内向了，人多了就不爱讲话"。大家都知道，会计内向不是缺点。

3. 你有什么业余爱好？

分析：面试官想通过这个问题了解你的生活习惯等。

解答：不能说自己没有爱好，也不能说一些乏味的庸俗的爱好。可以根据应聘岗位的特点选择说出几个爱好，展现你在这个职业的性格特点。

例如：如果你应聘的是秘书，那么你可以说你爱好书法和阅读；如果应聘的是技术工人，你可以说你爱好修理小家电等。

4. 你对我们公司了解多少？

分析：面试官通过这个问题了解你应聘的诚意。

解答：运用你前期做的准备好好发挥，展现你的诚意及独到的见解。让对方信服，你是这个岗位的最佳人选。

5. 你为什么对这个工作感兴趣？

分析：面试官希望知道你对这个职位了解多少，你是否适合。

解答：尽管许多人会因为薪金去应聘一份工作，但这样的回答肯定是不行的。也不能简单地说选择这个工作是为了学习，公司是不希望花钱去帮助你成熟，要告诉面试官你的能力适合这份工作。

例如："销售是富有挑战性的工作，需要有很好的交际能力和推销技巧。我性格外向，人缘好，而且有较强的说服力。"

6. 我们为什么要选择你？

分析：通过这个问题，面试官想知道你是否自信，同时也可以通过你的回答进一步了解你的个性。

解答：回答时要充满自信地展现自己的优点，可以列举一些过去成功的经历。但要注意把握分寸，要体现对其他应聘者的尊重。尤其不可随意抬高自己贬低别人，不能让人感觉你是一个狂妄的人。

例如："我曾经利用假期在同行业的一家公司工作过，取得了较好的业绩并得到了同事们的认可。相信与同期毕业的应聘者相比，我可能拥有更多的实践经验；与经验丰富的应聘者相比，可能我的年轻使我拥有更多的精力和工作热情，更具可塑性。"

7. 你以后会继续深造吗？

分析：这个问题旨在考查你对自己的人生有无进一步的规划，一般企业是很矛盾的。既希望自己的员工能不断学习进步，又担心为此流失一个在工作上已经逐渐成熟的员工。

解答：回答这个问题一定要小心，说不打算深造，表明你是一个安于现状不思进取的人；如果做肯定回答，那么你应该进一步说服面试官你不会为此影响公司的工作。

例如："如果在工作中，我发现自己离工作的要求还有一定差距，我会选择继续深造。现在学习的方式有很多种，我会选择利用业余时间学习，不会放弃工作。毕竟，实际工作给我的收获和启示是理论知识无法提供的。"

8. 如果我录用你，你将怎样开展工作？

分析：这个问题在考查你对应聘的职位了解多少，同时查看你是否有独到的见解和能力来胜任这份工作。

解答：如果你事先对应聘职位有了很好的了解，也不能把回答说得太肯定。因为毕竟你还没有深入企业做进一步的调查，你设计的方案还只是纸上谈兵，谦虚地把你准备好的方案说出来是最好的态度。如果没有十足的把握，不如采取迂回的方式来回答。

例如："首先我会听从领导的指示和要求，然后尽快熟悉有关工作，接下来再制定一份工作计划给领导审批。"

9. 你如何评价你以前的上级（学校/班主任）？

分析：其实面试官并不关心你曾经的上级是一个什么样的人，他在考查你为人处世的方式。

解答：如果你以为正好可以借此机会把你原来的上级好好数落一番，你就大错特错了，任何一个听完你的批评的人都会好奇"不知道以后他在背后会怎样议论我们公司和我？"所以不管你与原来的上级之间关系如何，你都应该客观中肯地评价别人，尽量不要暴露个人的喜好。

例如：哪怕你对原来的上级的工作方式不满，你也应该说："工作上他雷厉风行，对我们要求很严，是一个有魄力的人。其他不是很了解，因为下班后我们很少接触。"

10. 与领导意见不一致你会怎么办？

分析：很显然，这个问题在考查你的沟通能力和处事方式。

解答：如果一味地体现你服从的一面，别人会认为你唯唯诺诺没有主见。但是个性太强不听指挥的人，也不是公司欢迎的人，毕竟企业强调的是团队的合作。

例如：如果面试官是中层领导，你可以说："我会给上级必要的提醒，如果还是有分歧，应该服从上级的指示。"如果面试官是高层领导，你可以说："对于涉及公司利益的原则性的问题，如果建议得不到采纳，我希望可以向更高层的领导反映。"

11. 如果把你派到外地的分公司工作你愿意吗？

分析：这并不意味着真的要这样分配工作，如果是分公司需要人手，在招聘广告中会讲清楚。当然，不排除以后也会有这样的工作调整。面试官的主要目的实际上是在考查你是否服从公司分配。

解答：不管你是否真的愿意到外地工作，面试时应该给予肯定的答复。因为万一面试官只是考验你，你不至于落入圈套。实际上，作为公司的一员，挑选工作地点和和岗位都是不可取的。

例如："当然可以，我想对于刚进入公司的员工，在哪儿都可以学习提高，都可以为公司做出贡献，我相信公司会根据我的能力给我恰当的安排。"

12. 你还在应聘其他公司吗？进行得怎样？

分析：面试官希望通过这个问题了解你对公司的热忱是否如你前面所说的那样。

解答：哪怕你实际上正在马不停蹄地参加若干家企业的面试，你也不能说出来，三心二意会让面试官收回对你的好感。但作为应届毕业生，如果你只承认参加了这一家企业的面试，别人会知道你在撒谎，因此把握好说话的分寸很重要。

例如："因为临近毕业，所以也向一些同类公司投递了简历，毕竟贵公司在同行中是其他公司望尘莫及的。我不知道我的竞争对手情况如何，没想到我能得到这次面试，这是我最大的荣幸，能到贵公司工作是我最大的心愿。"

13. 你有什么问题要问的吗？

分析：这个问题意味着面试即将结束。

解答：好好利用这个机会主动出击肯定能在最后的关头为自己再加几分，把事先准备好的问题提出来，让面试官惊讶于你的专业知识，从而为你增色不少。记住无论你有多么想问"我的工资将有多少？"你也得忍着，因为这个敏感的问题在还没有聘用意向时提出总显得为时过早。而且这个问题提的人肯定很多，面试官说不定已经厌倦了。

例如：为了体现你勤奋好学，你可以问："我想知道公司平时是否会提供一些业务培训？"也可以问："您觉得在我正式上岗前，我应该加强一下哪方面的学习？"

想一想

除了这些问题，面试者还有可能对什么问题感兴趣？

三、影响面试成功的因素知多少

影响面试成功的因素有些是无法控制的，例如公司内部人员结构调整或者申请该职位的人太多等。而许多导致失败的因素都是可以避免的，事先了解这些可以控制的影响成功的因素，就可以在面试中尽量避免。

（1）糟糕的个人形象，让人误以为你对这次面试根本不重视。
（2）傲慢自负的表现，目空一切，不知天高地厚的态度。
（3）急问待遇，让人心生反感。
（4）缺乏自信，不敢表达自己的见解。
（5）缺乏热情，表现被动。
（6）过于紧张，难以放松。
（7）计较过多，不服从分配。
（8）见解偏激，缺乏容忍。
（9）过于油滑，与面试官瞎套近乎。
（10）不诚实，回答问题明显有保留。
（11）缺乏明确的职业目标，没有规划。
（12）学习成绩太差，在学校表现也不好。
（13）透露出不会安于在这个岗位上长久工作的意愿。
（14）不善于打破沉默。
（15）慷慨陈词却没有逻辑性。
（16）热情过度，提问超出范围。
（17）过分强调有熟人。
（18）随意贬低前同事或领导。
（19）缺乏礼貌，举止不当。
（20）迟到。

四、面试结束，应聘未完

案例【2-3-2】

小刚应聘某电脑公司技术人员一职，初试通过了，但在面试中却被淘汰了。小刚主动打电话到公司询问自己被淘汰的原因，知道自己在面试中被认为专业知识还不够扎实。他知道，那是因为自己太紧张所致。回到学校，他调整好自己的心态，提笔给负责面试的人事主管写了一封短信：

"感谢您给了我一次面试的机会，虽然我没有成功地获得职位，但是通过面试我学习到了很多东西，也了解到了自己的不足。能到贵公司工作是我向往已久的事，您在面试时对公司未来规划的介绍让我印象深刻，备受鼓舞。我一定会坚持努力学习，希望能尽快达到贵公司的用人标准，争取加入公司。期待着下一次面试时能再次得到您的指导。"

这封信改变了小刚的命运。两周后，他接到了公司的录取通知。

面试结束后并不代表应聘者就可以休息了，写一封感谢信会让面试官对你的看法不同。同时与招聘单位或面试官保持联系是非常有必要的，但是要把握如下几个原则。

（1） 要控制好询问的频率，不要过于频繁，不要让人厌烦。

（2） 联系时适当地表示出你对这份工作的向往和热情会让你比其他应聘者更胜一筹，但不要重复地诉说应该聘用你的理由。这样会显得你很啰嗦，很脆弱。

（3） 记住联系时不要开门见山地询问面试结果，每次都应该先聊一些面试官也非常关心的话题。

（4） 如果没有被录用，也应该继续保持联系，建立起长久的关系。当公司有职位空缺时，谁也不会拒绝一个有恒心的人。

五、集体面试的技巧

除非是在招聘大批普通员工时为了节约时间，否则招聘单位采用集体面试的形式通常都是为了考查应聘者的沟通能力、反应能力、把握环境的能力和组织能力。在集体面试中往往会要求应聘者进行小组讨论，招聘者根据应聘者不同环节的表现，挑选出少数人进入招聘的下一个环节。为了不让自己的光芒被遮掩，从众多的组员中胜出，此时应聘者应该注意以下几点。

（1） 仔细观察小组内的成员，迅速估计出他们各自的特点，分析自己的水平在小组中的排名。想好在讨论中如何扬长避短，发挥自己的特长。

（2） 在讨论中善于聆听，不要随便打断别人的讲话，时刻保持礼貌及合作的态度。不要把自己的观点强加给组员，对于不同的观点要表示尊重，时刻体现出你的团队合作精神。

（3） 当轮到你发言时，观点要新颖并有个性，不能人云亦云。

（4） 恰当地表现出你的领导才能，在讨论中很好地把握讨论的进度并加以引导，但不能有任何压制别人的行为。

六、电话面试的技巧

电话面试往往在招聘单位决定是否安排面谈前进行，目的是进一步确认简历中的信息，对一些问题进行沟通。如果应聘者与招聘单位距离太远，也会通过电话进行面试。与一般的面试一样，应聘者要做好充分的准备，回答问题时也要遵循同样的技巧。但是由于通过电话这种特殊的形式进行交谈，所以应聘者应特别注意如下问题。

（1） 与招聘单位约好电话联系后，要保持电话的通畅。如果你的电话总是占线或者关机，没有人会有耐心而不停地拨打你的电话。

（2）如果确定好了通话时间，那么就应该有条件保证通话时的环境。应该选择安静、不受打扰的地方进行电话面试。如果电话是在没有准备的情况下打过来的，应尽快寻找一个安静的地方接听，并对面试官的等待表示歉意。

（3）无论有多么期待，也应等电话响了两三声后再接，以免让人感觉到你的迫不及待。

（4）接电话前应准备好记录本和笔，以备记录重要的信息。

（5）接听电话时要有礼貌，问好后主动自我介绍。当对方说出自己的姓名时，应记录下来，以后可以直接找他。

（6）嘴巴不要离听筒太近，让对方听到你呼吸的气流声是很失礼的事情。

（7）要保持高度的注意力，不要轻易被身旁的事干扰，保证不要漏听或者听错。

（8）当因信号不清没有听清楚对方的话时，应礼貌地请对方重复一遍，不能靠猜测来判断。

（9）除非极其必要，否则不要打断对方的话。

（10）通话结束后要等对方先挂断电话。

七、警惕求职陷阱

求职陷阱是指招聘单位、其他机构或个人，利用中职生的弱势地位，以提供就业机会为诱饵，采用违法悖德等手段骗取中职生的钱财，或与中职生达成权利与义务不对等的各类就业意向，以期侵害中职生合法权益的现象。以下为求职过程中一些常见的侵权、违法行为，希望能为广大中职生提供警示，并避开求职航道上的暗礁。

1. 招聘陷阱

据某项调查显示，有70%的被调查者表示遇到过招聘陷阱。常见的招聘陷阱种类较多，主要包括以下三种：

（1）招聘会不合法

有些招聘会利用中职生就业心切的心理，打着毕业生就业的名义，实质上未经有关主管部门审批，而举办单位的目的就是赚取高昂的门票费。同时，有些招聘单位通过骗取学生信息，然后将学生的个人信息卖给一些违法之徒。更有甚者，一些企业打着招聘的幌子，逼迫中职生做传销或其他违法的事情。

（2）以面试为由，骗取求职者钱财

一些不法分子从网络或其他途径得到求职毕业生的个人信息后，便以某企业名义打电话给毕业生，通知其面试。在毕业生不设防的情况下，骗取钱财后逃之夭夭。

（3）变相收费

有些单位不当场签约，要求通过网络或电话继续洽谈，而这些网络或电话都是收费的；有些单位向中职毕业生收取报名费、资料费或培训费，等求职者交了费用，再将其拒之门外。

2. 协议陷阱

毕业生找工作时，要与单位签订就业协议，即双方表示愿意的一种约定。在签协议时常出现的问题包括以下三种。

（1） 口头承诺

口头承诺因为口说无凭，缺乏法律依据而没有法律约束力，一旦发生问题，学生往往成为弱者一方而权益受到侵害。

有些同学在毕业前通过实习，已经和实习单位达成了录用意向，但由于只是进行口头约定，并没有签订任何协议、契约，因此最后也遭到了不公正的对待。这里提醒即使是就业协议，也不能代替劳动合同，更不用说口头约定。毕业生小王就是由于契约意识淡薄，在就业时碰到了麻烦。

案例 【2-3-3】

小王事先在某公司毕业实习，实习结束后双方达成了就业录用意向。由于相互之间情况比较了解，彼此比较信任，因此双方仅就录用的相关事项进行了简单的口头约定。小王认为自己工作的事就这么定了。没想到的是，等他毕业后正式到公司报到，公司以岗位已录满为由拒绝予以录用。

还有些单位在和求职者谈条件的时候，常常口头承诺诸多优越条件，吸引学生来单位工作，但在签协议时却未将这些承诺写入就业协议。当毕业生毕业后来到单位工作，才发现与现实相差甚远，却因无法依据而成为权益受害的一方。

（2） 签订不平等协议

由于中职生劳动力市场存在着较为严重的买方市场性质，毕业生就业压力较大，"强资本、弱劳工"的现象严重影响着大家的求职心理，导致毕业生在求职中"低人一等"。再加上有些同学维权意识较差，致使对于签订的就业协议不知情，甚至签约的时候根本没有留意上面的条款等促成了"霸王条款"的出现。

（3） 以就业协议代替劳动合同

有些学生因为不懂劳动法，以为就业协议就是劳动合同。毕业后，学生到单位报到，不知道要求单位与其签订合法有效的劳动合同，盲目认为就业协议的条款就是合同的内容。而用人单位也故意不与毕业生签订劳动合同，因为劳动合同受到法律的约束力较强，一旦发生劳动争议，很容易对用人单位不利。所以现在很多企业以不合法的就业协议代替劳动合同。在这样的状况下，一旦双方发生了劳动争议，对毕业生极为不利，双方的劳动关系也只能被认定为事务劳动关系。

针对协议陷阱，中职毕业生在与用人单位签订就业协议时，一定要认真仔细地识别协议是否存在陷阱。一要看协议是否合法；二要看协议是否全面；三是要对协议文本仔细推敲；四是一旦正式报到上班后，一定要要求在协议基础上，与单位协商签订一份有效的劳动合同，防止发生争议而损害自身的合法权益等。

3. 合同陷阱

（1） 口头合同

口头合同即指不签订书面正式文本的口头约定，一有"风吹草动"，这些口头许诺就会化为泡影。

（2） 格式合同

格式合同是指用人单位按照国家有关法律规定和劳动部门制定的合同示范文本，事先打印好的聘用合同；看起来似乎无可挑剔，但在一些具体条款的制定上却表述含糊，甚至有多种解释，一旦发生劳动纠纷，用人方就会借此为自己辩护。

（3） 单方合同

单方合同多指一些用人单位利用应聘者求职心切的心理，只约定应聘方应尽的义务、违反约定要承担怎样的责任、毁约要交纳违约金等，而合同上关于应聘者的权利几乎一字不提。

（4） 生死合同

一些危险行业用人单位为逃避应该承担的责任，常常要求应聘人员接受合同中的"生死协议"，也就是一旦发生意外，企业不承担任何责任。如果签订了这种合同，真的发生意外事故后，用人单位就有理由为自己开脱。

（5） "两张皮"合同

有些用人单位为了应付有关部门的检查，通常会与应聘者签订两份合同，一份合同用来应付劳动部门的检查，另一份合同才是双方真正履行的合同。遇到这种情况，应聘者要认真对比两份合同的不同之处。

合同是维护双方合法权益的武器，一旦掉进合同陷阱，合法权益就得不到有效保障。因此，中职毕业生在签订合同时，一定要看清楚再签。

4. 试用期陷阱

试用期是劳动关系双方当事人相互的一个考察期。在这个过程中，求职者可以考察用人单位是否符合自己的职业取向，而用人单位的这段时间也可以考察求职者是否符合单位的录用标准。依据《中华人民共和国劳动法》和《中华人民共和国劳动合同法》规定，试用期是法定的协商条款，约定与否以及约定期限的长短由双方依法自行协商。但现实中，关于试用期的陷阱一直困扰着中职毕业生，陷阱的类型主要有以下三种。

（1） 单位不约定试用期

某些单位要求中职生报到时就立即签订劳动合同，不约定试用期，马上正式上岗。可当毕业生还在暗自庆幸单位不需试用时，却发现单位各方面情况都不尽人意，和当时广告与承诺的情况大相径庭，工作内容和自己想象的也完全不同，于是决定另谋高就。这时，才发现自己在"无意"间放弃了试用期这一有利机会。在这种情况下，如果单方面解除劳动合同，一方面要提前30天通知，另一方面可能要付出违约金的相应代价。

对于这种情况，应努力收集该企业的信息，如果有信誉不好的企业，一定要多加提防，必要的时候，就可以自己提出约定一定期限的试用期，在有些时候约定试用期也是保护自己合法权益的有效手段。

根据《劳动法》的规定，劳动者在试用期内可以随时通知用人单位解除劳动合同（无需提前通知）。因此大家在择业时不能忽略试用期的约定。

（2） 只约定试用期，索取廉价劳动力

因为试用期的工资、福利待遇和正式录用后差距较大，而在目前市场上招聘的费用并不高，一些用人单位就利用"无休止"的试用，来降低自己的劳工成本。例如，有些单位以避免麻烦为由，只以口头或书面形式与中职毕业生约定几个月的试用期，声称试用期合格了就直接正式录用，签订正式合同。在试用期内，单位提供比正式员工低很多的薪资待遇。而很多毕业生为了能留下来，往往工作非常努力，甚至不计较暂时的工资待遇。结果试用期结束，单位却以各种理由将求职者拒之门外。

当遭遇这种情况时，最好的办法就是拿起法律武器保护自己。《劳动合同法》规定，试用期包含在劳动合同期限内，在试用期内，只有当劳动者具有下述法定情形之一时，用人单位才可以辞退劳动者：(1) 劳动者在试用期间被证明不符合录用条件的；(2) 劳动者严重违反用人单位规章制度的；(3) 劳动者严重失职，营私舞弊，给用人单位造成重大损害的；(4) 劳动者同时与其他用人单位建立劳动关系，对完成本单位的工作任务造成严重影响，或者经用人单位提出，拒不改正的；(5) 劳动者以欺诈、胁迫的手段或者乘人之危，使用人单位在违背真实意思的情况下订立劳动合同的；(6) 劳动者被依法追究刑事责任的；(7) 劳动者患病或者非因工负伤，在规定的医疗期满后不能从事原工作，也不能从事由用人单位另行安排工作的；(8) 劳动者不能胜任工作，经过培训或者调整工作岗位，仍不能胜任工作的。除上述情形外，用人单位不得在试用期内解除劳动合同。用人单位在试用期内辞退员工，除应具备上述法定辞退劳动者的情形外，还应当向劳动者说明辞退理由。

同时，还需要明确：用人单位可解除劳动合同的条件是其必须举证证明劳动者在试用期间不符合录用条件，举证责任在用人单位，劳动者无需提供自己符合录用条件的证明。所以一定要把握好这些标准，而并非单位说辞退就辞退，学会用法律捍卫自己的合法权益。

（3）试用期过长或无故延长试用期

有的单位与大学毕业生约定的试用期严重超过劳动合同法规定的标准，有的甚至长达1年以上。也有些用人单位，约定的试用期虽在法律规定的范围内，但却以各种理由延长试用期，变相榨取中职毕业生的廉价劳动力。更有甚者，延长几次后，最终仍将求职者解聘。而中职毕业生维权意识较差，对劳动法认识不深，只能忍气吞声。

案例【2-3-4】

今年24岁的小周，2010年毕业于国内一家职业技术学校，为了找到一个理想的工作，他通过考试获得了专业资格证等多个证件。2011年1月份，小刘在网上看到了国内一家大型贸易公司招人，因为专业对口，他就和同班几位同学给这家公司投了简历。没想到他们很快就得到了面试邀请，小周和其他5名同学顺利通过面试，进入试用期。当时公司口头告诉他们试用期为3个月。因为这个公司很大，想留在这里的小刘和其他5名同学尽管没有签订任何协议，还是答应了先试用，盼望通过不懈的努力来争取这个职位。试用期的待遇很低，且试用期的工作内容也和想象中有很大差距。单位让他们做的都是些简单的重复劳动，谁都可以做到。当时他们感觉这个工作只是临时性的，便安心地工作。为了能够顺利通过试用期成为正式员工，小周非常勤奋，3个月的试用期很快就到了，但3个月后，单位一直没人提转正的事，小周向公司领导询问，领导说对他3个月试用期的工作表示满意，但还要再进行一段时间的全面考察，小周认为公司可能是真想留下他，于是痛快地答应了公司提出的再试用2个月的要求。很快2个月过去，公司领导找到小刘，以小刘没有通过试用期为由将其辞退。与小刘同时进入公司的5名同学也都在延长2个月的试用期后被以各种理由辞退。而在此期间，公司也没有和他们签订任何协议与合同。

《劳动合同法》对试用期有较详细的规定：劳动合同期限三个月以上不满一年的，试用期不得超过一个月；劳动合同期限一年以上不满三年的，试用期不得超过二个月；三年以上固定期限和五固定期限的劳动合同，试用期不得超过六个月。同一用人单位与同一劳动者只能约定一个试用期。试用期过长或无故延长试用期不符合法律规定，随意辞退劳动者更是法律不允许。

5. 智力陷阱

智力陷阱是指用人单位以招聘为名，"召集"创意为实，无偿占有我们程序设计、广告设计、策划方案、文章翻译等。很多应聘者笔试、面试后就没了消息，而自己曾经提供的策划方案、设计等却在该公司的产品、活动中出现。智力陷阱是近年来新出现的求职陷阱，但它的性质更为恶劣，我们要提高警惕，多加小心。

案例【2-3-5】

小陈是某软件职业技术学校毕业生，曾有2年的编程兼职工作经验。小张看到软件公司招聘程序员，便决定前往。该软件公司有三四十人规模，薪酬每月4000元左右，对此，小张觉得比较满意，觉得是自己比较想去的公司。在招聘过程中，流程非常严格，初试合格后，进入笔试阶段。笔试内容是使用JAVA语言，上机编写一段程序，时间不限，且可以上网查询相关资料，但不能相互交流。在一个面试的房间里，共有10名求职者，每个人的试题不同，几个年轻人无意中发现，看似是10段程序，其实恰巧能整合一个项目……笔试结束后，小陈再也没有接到消息。据了解，其他的几个求职者也没有得到回音。

在这个案例中，单位堂而皇之地占有他人劳动成果的做法，也就是我们常说的智力陷阱。那么，该如何应对这些智力陷阱呢？在自己不能判断招聘单位真实意图，又很想取得这份工作的情况下，可以对自己的劳动成果进行保护。即在提交策划方案或设计成果的时候，多复制一份，一份提交，一份自己保存。且保存的那份资料要求招聘单位签字确认，以备将来作为法律依据；其次，在提交劳动成果的时候，最好能附上《版权申请》，同样需要单位签字确认。如果单位拒绝签名，那么求职者就要多个心眼了，很可能这家公司正在设计智力陷阱。

6. 安全陷阱

在我们的就业过程中，一些不法之徒常常精心策划，坑蒙拐骗无所不用，如果我们稍不留神就会受其所害。

（1）索要各种证件、签名、盖章。如果我们在招聘中留下重要证据之类的东西，可能成为欠费、欠税、担保人等各种形式的债务人，也可能成为敲诈勒索的对象。

（2）谨防偷盗抢劫。首先，对陌生的人、陌生的地点与可疑时间的面试，一定要谨慎小心，很可能各个环节都陷阱重重，令你防不胜防。其次，谨防将手机、钥匙交给对方，也不要随便吃喝对方提供的食物饮料，否则可能瞬间一无所有。还有，谨防诈骗。如果对方为掌握你的全面情况无休止面试，可能已经处于危险的境地。要么设下圈套让你闯祸，然后高价索赔；要么家人朋友可能接到你车祸、病危此类的通知，于是匆匆将钱转入了不法之徒的账号。

（3） 切防非法工作。工作性质不清，任务不明，遮遮掩掩、行动诡秘，这时就要非常留心，可能已沦为不法之徒的帮凶。可能正从事涉毒、偷运、销赃、窝赃、传销等非法工作。而一旦事情败露，违法者全无踪影，而你成为了替罪羊。

（4） 女学生安全第一。不法之徒更易选中女学生，是因为她们就业更难，易于诱骗，而且防卫能力差，胆小怕事，易于掌控。女学生在就业中稍不留神，可能会落入不法之徒、不良企业的陷阱中，轻则被劫财劫色，一无所有，更可怕的是陷入色情、传销业或被拐卖，反抗者甚至遭暴力相向，失去生命。所以，在就业时一定要将安全放在第一位，思想上切不可麻痹大意，贪图钱财与享受，以免被引诱；行动上一定要细思慎想，以防掉入陷阱；具体环节上要步步为营，以杜绝授人把柄。

综合应用

（1） 根据自己的专业和毕业后可能应聘的职位，进行自我介绍。
（2） 重新看一遍第二大点中罗列的问题，思考一下你如何回答。

第三章 职来职往——你准备好了吗

经过几年刻苦的学校学习生活，如今的你即将踏入社会，走进人生的新阶段——职场，要成为一名合格的职场新人还是自甘"啃老"做个逃兵，年轻的你准备好了吗？登上这个人生新舞台，是什么能让一个曾经稚气的中职生成为一位成功的创业者？如何审视自身，把握机会，积累经验，勇敢地面对职场生活？网上求职靠谱吗？"先就业，后择业"的观念引领你去选择合适的跳槽机会？当这些问题在困扰着你的时候，很庆幸你已经懂得思考自己的人生方向，欲与天公试比高了！

第一节 正视自身，树立职业理想

故事：

十三年前，广西银行学校金融专业毕业生曾剑，和许许多多同龄人一样，怀着对未来无限的憧憬，在期盼中迎来了毕业的日子。

当时，"以市场为导向，学生与用人单位双向选择"的就业模式已渐渐地被众人接受；考虑到自己的兴趣所在，以及能否有个充分发挥自己才能的工作环境，年仅十八岁却独立有主见的曾剑，选择进入广西南宁国际大酒店做一名收银员，这是她的第一份工作。

刚做收银员，难免碰上员工和顾客对"职场新人"有意无意的"刁难"。这时得想法子除去自身"学生娃"的浮躁，诚心诚意多向老员工请教，耐着性子认真细致地把经手的每一件事情尽力做好，要不停地打磨自己。回忆起往事，曾剑笑着说："当年我还真无师自通地用上了心理暗示法。烦躁、委屈甚至打退堂鼓的时候，我就在心里默念：虽然我是中职生，就算我是中职生，我的能力、技术未必会比别人差。只要给我时间，我定能证明一切！"

三年之后，曾剑在她的职业生涯里迎来了新的里程碑。凭借"勤学好问，用心做事"的处世风格，曾剑受到周边同事的一致好评，她出色的工作也得到了领导的认可和关注。于是"最佳收银员"、"优秀员工"等荣誉随之而来，这是对她工作能力的肯定。领导因赏识而有意向要提拔她的风声又激励了她要更上一层楼的想法。但此时，另一个拥有高学历的人员也让领导难割其舍。最后曾剑没有得到这个晋升的机会。经过深思熟虑，曾剑决定边工作边到广西教育学院进修。待她学成归来，又面临取舍：是留在原单位继续工作，还是以全新的面貌去尝试更高难度的挑战？勇于进取的她选择了后者。进修后，视野更为开阔，曾剑有了创业的念头。她深知私营企业竞争压力大，涉猎面广，但可以学到更多实用的东西，那会是很好的历练机会，能为日后的创业打下坚实的基础。曾剑抱着这样的心理，叩开了一家台资企业的大门，担任"广西华盟国际货物代理有限公司"财务部门的出纳员工作。

有了前面几年的历练，在新的岗位她很快就上手了。一段时间的考验之后，老板给予她充分的信任，放手让她负责综合业务。于是，她接触到一些"零碎"的活儿，比如帮公司员工办理保险、与政府职能部门打交道、安排公司的业务应酬等等。曾剑没有一丝偷懒心理，毫无怨言地尽心尽力完成接手的任务。无形中，工作涉猎的领域愈加宽广，她的人脉关系也越拓越广。如果说前一份工作是适应社会，积累经验，那么这一份工作便是深入了解职业，了解社会，起到自我提高为今后的创业打下基础的作用。

到此为止，曾剑真真正正算得上融入社会，有了立足职场的资本！

——摘自广西八桂职教网

一个普通中职毕业生的创业故事，一个初入职场的新人，经过了刻苦的努力与磨合实现了最初的梦想，这告诉我们：人生处处起跑线，唯有信念永不变。怎样认识、对待你的第一份工作决定了你如何演绎你的职场人生。

一、初入职场知多少

面对即将到来的职场生活，你是否能把自己的角色由"学生"转变为"求职者"，由"消费者"转变为"劳动者"？许多中职毕业生深感迷茫和困惑，加之社会上对中职毕业生定位的某些偏颇，无形中误导了中职生的求职导向和职业定位，无法树立起坚定的职业目标和人生发展方向。为此，中职毕业生初入职场应该着手了解社会经济形势，找准行业定位，提高自身综合素质。

1. **了解近年，特别是当年的就业形势**

中职生由于年龄及知识水平的差异，对于社会经济形势的关注程度普遍不高，缺乏对一些社会经济发展规律和常识的了解，对于即将到来的职场生活更多是依靠学校或家庭的推荐、安排，无法较好地结合当年的就业形势去找准适合自身的行业、职业发展。因此，中职生应调整方向，结合当年社会经济发展的方向，经济结构的调整等重大变化，适时根据劳动、人事部门定期发布的求职招聘信息进行深入分析，结合自身技能专长，找准方向进入职场。

2. **提前准备，提升内涵**

英国著名文学家狄更斯曾说过"机会不会上门来找；只有人去找机会。"这说明了一个聪明的人是善于创造条件而抓住时机成功的。作为中职生，面对职场的要求，我们必须先审视自身的优势与劣势，提高职业知识水平，提升职业技能层次，提前接受良好的职业道德熏陶，从总体上提高个人的综合素质才能适应不断变化的职场要求。

3. **分析性格色彩，把握自身命运**

有句富有哲理的话这样说：……请注意你的习惯，习惯影响你的性格；请注意你的性格，性格决定命运。可见，当命运的选择摆在一个人面前时，对自身性格的了解和把握能够为他做出正确的判断提供最重要的参考。一般而言，外向型的人常常选择富有挑战性的工作更适合自己的性格，而内向型的人选择比较稳定的工作更合适。我们很难想象一个不善言辞的人去选择担任营销员，而一个活泼好动的人却选择细致的财务分析工作。

因此，当你选择初入职场的行业时，应该了解自身的性格色彩，了解职业所需的特殊要求，才能提高求职的成功率，并且快速融入职业角色和氛围。

二、调整心态，从容应对

我们常说"良好的开始是成功的一半"。当你做好了一切准备，是否就能承受职场的风云变幻？为何有的同学会临阵脱逃甘愿退缩？

1. 新生活是从确定目标开始的

案例

这是哈佛大学一个非常著名的关于**目标对人生影响**的跟踪调查。该项调查的对象是一群智力、学历、环境等条件都差不多的年轻人，调查结果发现：

27%的人，没有目标；

60%的人，目标模糊；

10%的人，有比较清晰的短期目标；

3%的人，有十分清晰的长期目标。

经过了25年的跟踪调查发现，他们的生活状况十分有意思……

3%——几乎不曾更改过自己的人生目标。25年后，他们几乎都成了社会各界顶尖成功人士，他们中不乏白手创业者、行业领袖、社会精英。

10%——大都生活在社会的中上层。其共同特点是那些短期目标不断地达到，生活质量稳步上升。他们成为各行各业不可缺少的专业人士，如医生、律师、工程师、高级主管等等。

60%——几乎都生活在社会的中下层面。他们能安稳地生活与工作，但都没有什么特别的成绩。

27%——几乎都生活在社会的最低层，生活都过得很不如意，常常失业，靠社会救济，常常在抱怨他人，抱怨社会。

由此可见，一个人一旦确立了明确的目标，即使职场生活遭遇挫折，仍然会风雨无阻地前行，而挫折不过是人生旅途中的一道亮丽风景。

2. 树立终身学习的观念

社会的快速发展使得我们的知识储备已经远远不能满足走上职场生活的需要，因此应树立起终身学习的观念，不但要学习从事职业工作所需的专业知识，还要勤于思考，完善个人性格，增强人际交往的能力，使学习的内容扩大，内涵增加，才能适应职场需要，并为自身走上创业之路做好铺垫。

第二节　心心向荣，心的开始

良好的心态是决定成功的关键。当你顺利通过面试进入了试用期，新的考验又将来临。

一、试用期，心的开始

终于经过了千里挑一的面试，接下来是职场生活的正式开始。在这人生新阶段，你该做哪些准备呢？

1. 常怀感恩之心

一个常怀感恩之心的人是能将他人对自己的帮助铭记于心并以此为动力不断向前的。我们理应感谢那些曾经在你初入职场中给予了你无私帮助的亲人和朋友、长辈和老师。常怀感恩之心才能更好地将自己融入企业，将自己的命运与企业的发展相联系，重视工作，积累经验。

2. 常念可念之人

人际关系的处理是需要在现实的成长环境中面对的。良好的人际关系有助于你获得更多的信息和资源，为将来进行创业积累人脉，同时也是你不断完善、提高自身综合素质的一个重要方面。在试用期间，你实现了从"学生"到"社会人"这一身份的变化，因而要适应人际环境的变化。当学校内单纯的师生关系进入到职场中复杂的同事关系、上下级关系，你必须尽快适应角色的变换，保持热情、谦虚的态度处理工作中遇到的问题，更好体现出你对职场的适应。

二、心态决定一切

☆一个人说："太阳每天都要落下去！"
☆一个人却说："太阳每天都会升起来！"

思考：不同的表达也流露出不同的心态。你是哪种心态呢？

"一个人想要得到的，都由你的心态决定。"——佚名

两个人从同一扇窗子往外看，一个看到的是满地的泥泞，一个看到的是满天的繁星。这说明对同一件事情的态度并不完全取决事情的本身，还有赖于人的主观能动性。一份职业对于从业群体中的任何一个个体来说，其认知和感受程度都应该说是差不多的，而能改变的只有个体的心态。以积极的心态来面对职业，并将它当作自己追求的事业工作起来就会心情顺畅，充满激情和创造，就可能有所建树。反之，消极地面对工作，被动地应付差事，就会索然寡味，难以有所作为。

三、坚持理想，慎待跳槽

对于企业来说，频繁更换工作的个人经历并不是一个好信号。任何一个企业都希望员

工乐于工作，爱岗敬业。频繁更换工作的人常常被视为一个"用情不专"的员工。有的毕业生认为自己的工作过于机械、劳累，与现实差距太大，自己看不起自己所从事的工作，自然无法投入全部身心，得过且过，还有的人将大部分心思用在如何摆脱现在的工作环境，这样浮躁的人在任何地方都不会有大的作为。

小故事：

美国独立企业联盟主席杰克·法里斯年少时曾在父亲的加油站做着汽车清洗和打蜡的工作，一位有洁癖的老太太让法里斯吃了不少苦头。每当法里斯给她把车弄好的时候，她都要再仔细检查一遍，让法里斯重新打扫，直到清除每一点棉絮和灰尘，她才罢休。后来法里斯受不了了，就找他的父亲，表示要撂挑子。他的父亲告诫他："孩子，记住，这是你的工作！不管顾客说什么或做什么，你都要记住做好你的工作，并以应有的礼貌去对待顾客。"

请你思考：这个故事告诉了你什么？

皮尔·卡丹曾经对他的员工说过："如果你能真正地钉好一枚纽扣，这比你缝出一件粗制的衣服更有价值。"无论你所选择的工作是多么的不起眼，都不要觉得它没有价值。每一份工作都值得我们去做，不要小看自己所做的每一件事，即便是最普通的事，也应该全力以赴、尽职尽责地完成。小任务顺利完成，有利于你对重大任务的成功把握。一步一个脚印地向上攀登，便不会轻易跌落。通过工作获得成功的真正秘诀就蕴藏在其中。

第四章 立身之本与从业之要——职业素质培养

学习目标

★ 什么是职业意识。
★ 怎样培养职业意识。
★ 什么是道德和职业道德。
★ 职业道德的主要内容。
★ 职业道德的养成行为。
★ 什么是职业能力。
★ 职业能力具有哪几方面。
★ 如何培养职业能力。

道德，一个古老而常新的词语；道德修养，一个简单而深刻的话题。社会生活离不开我们每个人自身所必须具备的道德与道德素养。而道德素养则蕴含在我们做的每一件小事之中，融汇于我们生活的每一天之中。它实实在在地呼唤着我们做一个有道德的人；它真真切切地影响着我们走向成功的脚步。

一个人不可能天生就是高尚的人，品行是后天形成的，是环境与自我选择的结果。同样，良好的职业道德也不是与生俱来的，而是在职业生活中逐渐养成的。每个从业者只要在职业生活中认真修炼，都会具备优秀的职业道德，成为受人尊敬的职业工作者。

第一节 职业意识

职业意识作为职业人所具有的意识，它是人们对职业劳动的认识、评价、情感和态度等心理成分的一种综合反映，也是支配和调控全部职业行为和职业活动的调节器，主要包括责任意识、规范意识、质量意识和服务意识等方面。

一、严于律己的责任意识

微软总裁比尔·盖茨曾经对他的员工说过："人可以不伟大，但不可以没有责任心。"这句话简单且实在。一个人只有具有高度的责任感，才能在执行中勇于负责，在每一个环节中力求完美，保质、保量地完成计划或任务。

1. 了解责任及责任意识

所谓责任，是指个人对自己和他人、家庭、集体、国家和社会等所负的责任的认识、情感和信念，以及与之相应的遵守规范，承担责任和履行义务的自觉态度。责任无处不在，存在于每一个角色。父母养儿育女，老师教书育人……人在社会中生存，就必然要对自己、对家庭、对集体等承担并履行一定的责任。责任包括不同的类型，比如家庭责任、职业责任、社会责任、领导责任等等。这些不同的责任，有普遍性的要求，也有特殊性的要求。良好的责任感，是社会合作精神的基本体现，也是个人健全人格的基本要素。能努力做好力所能及的事，一个人只有具备一定的责任感，才能自觉、勤奋地学习、工作，做各种有益的事情，掌握各种技能。一个人只有培养责任感，才能更好地适应社会，能照顾家庭，尽自己的义务完成本职工作，成为优秀的人才。所以，决定一个人成功的重要因素是责任——一种努力行动，使事情的结果变得更积极的意识。

所谓的责任意识，就是清楚地知道什么是责任，并自觉、认真地履行社会职责和参加社会活动过程中责任，把责任转化到行动中去的心理特征。有责任意识，能让危险的工作减少风险；反之，没有责任意识，再安全的岗位也会出现险情。责任意识强，再大的困难也可以克服；责任意识差，很小的问题也可能酿成大祸。有责任意识的人，受人尊敬，招人喜爱，让人放心。责任意识的表现在我们的生活中无处不在。责任意识是一种自觉意识，表现得平常而朴素。它也是一种传统美德，比如"天下兴亡，匹夫有责"，强调的是热爱祖国的责任；"择邻而居"讲述的是孟母历尽艰辛、勇于承担教育子女的责任；"卧冰求鱼"是对晋代王祥恪尽孝道为人子的责任意识的传颂……一个人，只有尽到对父母的责任，才能是好子女；只有尽到对国家的责任，才能是好公民；只有尽到对下属的责任，才能是好领导；只有每个人都认真地承担起自己应该承担的责任，社会才能和谐运转、持续发展。

2. 严于律己应避免的类型和负责任特点

严于律己的责任意识也就是严格要求自己的责任意识，作为社会一员，无法严格地要求别人，但是可以严格要求自己，良好的责任心是每个人都应该具备的优良品质，如果缺乏这种责任心，人会在逆境中跌倒，工作中出差错，甚至向引诱屈膝，中职毕业生走向工作岗位，最重要的就是要有责任心。

下面几种类型的人，虽表现形式不同，但都因为缺乏责任心而不受欢迎。

第一种是傲慢稚气型：很多事明明完全不懂，也要装出一副万事通的模样。找工作时先考虑工资多少而不重视工作内容。

第二种是将错就错型，虽然向往成为优秀职员但是却没有具体目标，听不得人批评。一旦做错事被发现，就开始找借口、抱怨。

第三种是自吹自擂型，面试时自称在学校成绩优异、评价颇高，但真正投入到实际工作后发现其所言夸大其辞，实无特殊之处。

第四种是回避责任型，认为"即使工作做得不好，但我是新人，可以原谅。"应该做的事常常忘记去做，缺乏责任感。

第五种是恃宠敷衍型，对工作持敷衍态度，能耍赖就耍赖。一心一意讨好上司，却不肯好好做事。

调查表明，用人单位对求职者各方面素质的看重程度依次为，责任感、团队协作精神、事业心、自信心。某公司人力资源部主管张先生在谈到这个问题时说，一个人只有充满责任感才会努力地工作，为个人工作或公司工作。而那些没有责任感的学生将不在考虑行列，没有责任感，怎么会把工作做好呢？

负责任的人通常有以下几个特点。

第一，履行诺言，说的做到，从不食言。

第二，以自身工作的高质量为自豪，并不会为速度而牺牲质量。

第三，做事积极主动，不需要监督就能完成分配的工作。

第四，严格遵守道德规范。

第五，愿意承担新责任，并从中获得动力。

中职生如何加强自己的责任感，可以从以下 8 个建议得到一些启示。

建议一，想想我欠世界和人生什么。

建议二，承担起责任—走向成熟的第一步。

建议三，尽职尽责地做好你的第一份工作。

建议四，做一个勇于承担责任的人。

建议五，做一个用于面对并克服挫折和困难的人。

建议六，用良心保护好自己的责任心。

建议七，踢开职责的绊脚石。

建议八，做一个小测试。

小测试，测试求职者的责任感如何，回答"是"或"否"，以答案为"是"记上一分，其中 13 和 14 题答"否"加一分，答"是"不加分。

1) 你会因未雨绸缪而储蓄吗？
2) 你经常运动以保持健康吗？
3) 你认为你这个人可靠吗？
4) 与人约会，你通常准时赴约吗？
5) 发现朋友犯法，你会通知警察吗？
6) 出外旅行，找不到垃圾桶时，你会把垃圾带回家去吗？
7) 收到别人的信，你总会在一两天内就回信吗？
8) 你忌吃垃圾食物、脂肪性过高和其他有害健康的食物吗？
9) 你永远将正事列为优先，再做其他休闲吗？
10) 小时候，你经常帮忙做家务吗？
11) 你从来没有错过任何选举权利吗？
12) 与人相约，你从来不会耽误，即使自己生病时也不例外吗？
13) 你曾经犯过法吗？
14) 在求学时代，你经常拖延交作业吗？
15) 既然决定做一件事情，那么就要把它做好。"你相信这句话吗？

测试结束后，加一加看看你的责任心有多少。

分数为 10～15 分：你是个非常有责任感的人。你行事谨慎、懂礼貌、为人可靠，并且相当诚实。

分数为 3～9 分：大多数情况下，你都很有责任感，只是偶尔有些率性而为，没有考虑得很周到。

分数为2分以下：你是个完全不负责任的人。

二、遵纪守法的规范意识

规范意识是指就业者按照所在单位成文的规章制度和企业文化所认同的不成文的习惯性规定，自觉地履行岗位职责、规范自身行为的意识。随着市场经济的发展，现代生产社会化的程度越来越高，分工也越来越复杂，使参加社会化生产的人越来越多。在如此庞大的生产规模下，要是没有严格的纪律约束，很难对生产进行协调，遵纪守法是各用人单位对应聘者职业道德的首要要求。所以，规范意识即是求职必备的职业素质，也是一种重要的职业意识。

俗话说得好"没有规矩不成方圆"，在社会主义市场经济条件下我们都必须遵守一定的社会规范，社会规范是人们在改造社会的长期实践中形成的适应性行为模式。一方面是对人们社会行为和社会关系普遍规律的反映；另一方面，它是通过某种习俗、传统方式固定下来或由国家及社会组织认可，构成了一定社会成员普遍遵循的行为准则。根据社会规范的控制手段和产生的历史顺序，可以将其划分为习俗规范、道德规范、宗教规范、纪律规范和法律规范等。

当代中职生一方面要有理想，另一方面要有强烈的规范意识和脚踏实地的求职精神，只有这样才能成为一名优秀的社会人，有些中职生专业技能还好，但是忽略了自己如何做人做事的学习。根据调查，在当今社会，最受欢迎的品质是：真诚、诚实、理解、忠诚、真实、信得过、理智、可靠等；而最不受欢迎的品质是说谎、伪装、邪恶、不老实、虚假、恶毒、信不过，等等。

有这样一个故事，小原是一所职业计算机学校的学生，尽管他只有中职学历，但他勤奋好学，毕业后在当地一家计算机公司工作，随着业务水平不断提高，很快受到业务经理的器重。后来在一位同学的影响下，辞职南下了，到了广东才知道，这里并非他想象中的遍地黄金，而且因为只有中职学历，想到外资或合资企业工作也不容易，于是在求职心切的情况下，买了一张某大学的计算机专业的本科文凭，过了不久一家港资企业招聘时面试时，看到小原的计算机水平符合公司要求，且业务熟练，于是聘请了他，凭着他的聪明和勤奋，很快得到提拔，但正当他踌躇满志地向前进取时，他的假文凭被揭穿了，最后导致老板非常生气，毫不客气的辞退了他。

这个故事说明一个道理，不管我们做什么都必须遵守一定的规则，而自己的行为规范，否则直接影响到今后的职业生涯发展。

案例【4-2-1】

一位去加拿大短期留学的中国留学生在回国半年后，收到一位加拿大税务官寄来的一张一式两联的退税支票。原来，这位学生在加拿大消费时按规定缴纳了消费税，而加拿大规定收入在一定数额下的缴税者将在次年获得退税。为此，加拿大税官追了半个地球，退回了210加元（大约1200元人民币）。

遵守职业纪律是从业人员的基本要求，每个岗位上都有与之相应的规章制度，它代表了整体的意志和力量，每个从业人员都应该对这些原则和规定保持尊重，且应当一丝不苟地执行，从本例的加拿大税务官身上我们看到了他执行制度的严谨。

三、精益求精的质量意识

　　质量意识，是指以质量为核心内容，自觉保证工作质量的一种意识。质量这个词包含着数量和程度两层含义。所以保证工作质量就是指按时、优质地完成工作。只有优质的工作才能生产出优质的产品，才能让个人和公司更有竞争力。

　　1985年，张瑞敏刚到海尔（时称青岛电冰箱总厂）。一天，一位朋友要买一台冰箱，结果挑了很多台都有毛病，最后勉强拉走一台。朋友走后，张瑞敏派人把库房里的400多台冰箱全部检查了一遍，发现共有76台存在各种各样的缺陷。张瑞敏把职工们叫到车间，问大家怎么办？多数人提出，反正不影响使用，便宜点儿处理给职工算了。当时一台冰箱的价格800多元，相当于一名职工两年的收入。张瑞敏说："我要是允许把这76台冰箱卖了，就等于允许你们明天再生产760台这样的冰箱。"他宣布，这些冰箱要全部砸掉，谁干的谁来砸，并抡起大锤亲手砸了第一锤！很多职工砸冰箱时流下了眼泪。然后，张瑞敏告诉大家——有缺陷的产品就是废品。三年以后，海尔人捧回了中国冰箱行业的第一块国家质量金奖。从创名牌到多元化、国际化，海尔成功实现了两大战略性跨越。海尔人现在已经获得了许许多多的荣誉，但在他们心里分量最重得是国家质量奖。它所代表的海尔质量理念是让海尔站稳国内和国际市场的基石。海尔实行的是"零缺陷"质量管理，也就是质量是每个人的事，每个人都需要认清每项微小行动的重要性，他们的目标是要成为一个高质量的组织，干出高质量的工作，生产出高质量的产品，提供高质量的服务。

　　一个企业要发展壮大，需要具备的条件很多，但最根本的一条因素，就是质量。一旦失去了质量，企业就会迅速走向死亡，它是一个企业赖以生存发展的基石。在曾经的山野菜出口贸易中，蕨菜以前销路本来非常好。采蕨菜的最佳时间只有十天左右，这期间的蕨菜鲜嫩好吃，早了不成，晚了就老了。采好后，要在地里晾晒一天，第二天翻个个儿再晒一天，才能把水分蒸发干，然后把捆好，装箱。这样处理好的蕨菜食用时放在水里浸泡一下就可以下锅了。可是当地农民为了多采多卖，把蕨菜采到家，来不及放在地里晾晒，而是放在热炕上暖，只用两个小时就烘干了。这样加工处理后的蕨菜，从外表上看都一样，但食用时，不管怎么泡也不再鲜嫩了，都跟老树根一样，又老又硬，根本咬不动。客商发现后，对此提出警告，一次，两次，还是如此，最后砸了自己的牌子，也断了生意。

　　日本在第二次世界大战后的几十年，发展为世界经济强国，靠的就是团队意识和质量意识，而且他们的质量意识几乎已深入到每个人的骨髓里，有人曾用这样的比喻来形容日本人的质量意识，她说"如果美国人首先发明了电梯的话，那美国人可能会满足于电梯能上能下就行了，但日本人一定会努力改造它，让电梯在停靠时，与楼层完全处在同一平面上。"而在日本的质量管理中有普遍采用"3N"原则，指不接受不合格产品、不制造不合格产品，不移交不合格产品，其目的是为了控制生产全过程的质量，确保每位员工加工的零部件达到100%的合格率，最后达到零缺陷的质量目标。日本人在质量管理中还采用了著名的"5S"理论，即实现文明生产的5个管理手段，包括整理、整顿、清扫、清洁、素养整理就是把要与不要的材料彻底分开，不要的坚决处理掉。整理的目的是腾出空间，防止误用并保持清爽的工作场所,这是"5S"的第一步。整顿是把使用的物品依规定的位置摆放整齐,并加以标识。对未作标识又未被处理的物品,现场管理人员将追究当事人的责任,整顿的目的是使工作场所一目了然,消除积压的物品。这也是提高生产效率的的基础。清扫就是将工作场所、环境、仪器设备、材料、工具夹等清洗抹拭干净,目的是稳定产品品质,减少工业伤害。清洁是指以上三个环节之后的日常维护活动。企业规定,每天下班前3分钟(或5分钟)全员都要参加清洁作业,使整个环境随时处于良好状态。素养就是培养全体员工的良好工作习惯和组织纪律、敬业精神和团队精神。5S管理为日本企业创造了一个清洁、舒适、文明的生产环境,规范了员工的行为并塑造出良好的企业形象。

1. 追求高质量应该克服的心理障碍

(1) 雇佣心理。在官本位意识严重,民主意识淡薄的企业中,员工容易对管理者出现一些"错觉定位",即形成一种旧式的人身、工作、质量和经济各方面的依附,导致员工不能真正的认识到工作对自己、企业及社会的价值所在。

(2) 惰性心理。人或多或少都有一些惰性,特别是在一个工作场所工作一段时间后,完全适应了工作场所,导致人变得机械和懒惰,表现为不注重专业技术学习,质量素质差。质量观念淡薄。对个人以及企业的发展前途信心不足,所以在平时的工作中可以提醒自己"居安思危",质量工作永无止境,任何优越性和长处,都可能会在某一时刻变成缺陷和短处,只有不断创新,不断开拓,才能永远领先一步。

(3) 攀比心理。攀比与竞争虽然有共同点,但攀比并非竞争。竞争是以工作绩效的质量来加以对比,而攀比却是一种只重形式、手段、轻失效的非正常的竞争心理。如果有了这种心里,很容易在工作中只注重劳动创造的金钱回报,而不比较工作质量和工作效率等。该心理有一定的惯性,较难克服,需要特别注意。

(4) 嫉妒心理。人们由于某些欲望没有得到满足或缺乏使之得到满足的条件,就会产生一种非正常心理——嫉妒心理,这也是导致企业内斗现象的原因,员工间彼此争斗、背后搞阴谋等,这种心理不仅伤害到个人发展,也损害企业的发展。把经历放在内部斗争上,势必影响工作质量。消除嫉妒的方法是,把嫉妒化为一种动力,把矛盾变为一种竞争,使竞争公开化、标准化、也使工作质量成为竞争的标准。

2. 培养质量意识的几个方面

(1) 培养质量意识是和规范意识、责任意识、服务意识的养成是相辅相成的,具有规范意识和责任意识是拥有质量意识的保证。比如,同仁堂、六必居、海尔集团,规范了制作过程,坚持对用户和顾客负责,也就有了长久的质量保证。

(2) 要把培养质量意识作为个人的追求,与企业的需求相结合。企业竞争的生命力来自员工的素质。而贯穿全员的质量意识就是人的素质提高的过程。质量意识包括了负责的生活态度、工作态度,以及知识水平、业务水平,甚至涉及到人的参与意识与伙伴精神。因此,我们只有不断加强个人质量意识,提高自我综合素质,服务自己的工作岗位和企业单位,才能更好地为明天的辉煌而奋斗。

(3) 培养质量意识要从小事做起,就如沃尔玛提出的口号那样"做生意当然要实现利润最大化,而最大化的目标要从最小的具体行动开始,"事物的发展总是会由量变到质变的发展,从小的事物中更能体现一个人的质量意识。

四、客户满意的服务意识

服务意识，是敬业精神的延伸，就是指愿意把自己所从事的工作以及给他人带去方便和快乐当作自己应该做的事情。需要具有强烈的服务意识，才能把工作当作快乐的事。

1998年1月31日，年近古稀的台胞郑先生住进了桂林凯悦酒店。他是获悉老伴不幸去世的恶噩耗而孤独一人赶回老家贵阳奔丧的。到桂林已是晚上，赴贵阳的交通票还没有着落。而两天后就要举行葬礼，患有心脏病的郑先生此时急得团团转。酒店行李员胡贤得之事情原委，主动上前安慰客人，又多方找关系托人替他办票。但时值春运高峰，数日内所有前往贵阳方向的机票、车票全被订购一空。怎么办？小胡使出了最后一招。次日凌晨三时许，小胡领着郑先生"强行"登上了开往贵阳的165次列车，然后又苦口婆心地说服了列车长，终于给郑先生补了一张卧铺票。郑先生紧紧握着小胡的手，感激得流下了眼泪。

行李员小胡热情友善，乐于助人，也主动了解客人之急的服务精神，是值得很好学习的。他以高度的责任感，主动给客人想办法解决车票问题，体现了强烈的服务意识和对客人深切的关心。

企业在生存过程中，必然要经过淘汰、重整的剧痛，只有这样企业才能真正壮大起来。企业不相信人情，也不相信眼泪。守卫自己职位的唯一途径就是自觉、认真地做好应该做的事。随着市场经济的发展，商品渠道越来越完善，商品的差异也越来越少，服务的重要性也日渐突显出来。"21世纪是服务的世纪"。经济学家认为，我们生活在"服务经济"时代，每个人在享受他人的服务时也为他人服务。优秀的企业家十分注意这一点，在要求自己的员工时尤其强调这种服务精神。

因此，作为企业中的个体，服务意识也必作为员工的一项基本素质而被所有人重视。每个员工必须树立自己的服务意识。一般来说，重视服务，自觉地改善服务品质，总是能够得到管理者更多的青睐。即便是你的老板自身都没有意识到这一点，即便你从服务当中所获得的利益非常小，你也要记住：服务至关重要。否则，一旦经济不景气，将是受到炒鱿鱼待遇的第一人。

1. 服务意识的重要意义

当代中职生是未来的职业工作者，在学校不仅要学习文化知识，更重要的是要学会为人做事的方法，而是否具有服务意识也是今后就业、创业的重要保证。服务意识的多少决定了能够得到多少回报，如果一点儿也没有，一点儿也不愿意付出，而是工作散漫以自我为中心，企业是不会把这样一个毫无服务意识的员工留在公司内的。

比如沃尔玛，这个以客户服务为主的公司的发展势头是惊人的，这一切都是如何实现的呢？我们听说进沃尔玛先进的信息管理系统也听说过它精明的采购策略，但这些都不是客户光顾沃尔玛的原因。真正的原因是：沃尔玛能让你真正地感受到自己受到欢迎。在沃尔玛公司的《员工手册》上对员工的服务提出了这样的要求：

——树立"顾客永远是正确的"观念，必须以使顾客满意的方式解决问题。

——克制自己，避免因感情影响工作，措词上要谨慎，要用缓和的速度来说话，争取思考时间。

——牢记自己代表的是企业形象，绝不能抱着"不关我事"的态度。

——处理顾客的抱怨时不要拖延，而且处理抱怨的行动也要让顾客能明显地感觉到你的努力，以止息顾客的愤怒。

——向顾客道歉时要有诚意，绝不能口是心非，应该发自内心地关心顾客的需要。

——对顾客的抱怨要用婉转的语气，心平气和地加以解释，如果没有必要解释的，不说为宜。

这就是沃尔玛对员工服务所做的所有要求，这部分内容的核心就是"顾客永远是正确的"，在你工作的时候，是否能做到"顾客永远是对的"为服务指南呢？

作为一个企业，服务意识必须作为对员工的基本素质要求加以重视。且每一个员工也必须树立起自己的服务意识。在一般情况下，一个重视服务，不断改善服务品质，提高服务质量的员工总是更能博得上司的重用，升职与加薪的机会也会增加。

即使你的上司并没有因为你提供的良好服务而对你有所改变，那么也请千万不要因此而灰心丧气、悲观消极，要记注：服务可以影响到工作的生死存亡，如果一旦因为没有从服务中得到应有的回报而放弃服务，那么一旦公司出现危机，你将是领导心中首选的解聘对象。

杰里特是通路证券公司的老员工了，在公司设立初期立下了汗马功劳。可是在公司进入成熟期，稳步发展的时候，他却接到了公司高层的解聘书。在杰里特看来，公司这种做法是小人手段，"过河拆桥"，见利忘义。接到解聘书的当天，杰里特就在办公室大吵大闹，陈述自己的功劳并恶意诽谤他的上司与公司董事。第二天，在公司的大门口的公示牌上，公司的总裁麦格·克劳儿留下了这样的话：

亲爱的同事们、朋友们：

说实话，我并不愿看到杰里特不得不离开公司的结果，他曾是一位十分优秀的员工、一位可以共同面对困难的伙伴。他在公司成立初期为公司所做的一切是我们不能忘记的。但是现在，公司的业务蒸蒸日上，大家都看到了公司的进步，可是杰里特却没有与公司"共同成长"，他变得孤傲和自以为是，迟到早退是常有的事，经常不经上司的同意，自作主张，更不可原谅的是，因为他对客户的态度，公司已经损失了几个十分重要的客户。这一切，都对公司的成长不利，造成了不良的影响。

一个企业在生存和发展的过程中，必然会出现整合、竞争、新旧更替，甚至是巨大的变革，只有这样，一个企业才可能真正发展壮大，我们不会因为人情或是其他的什么东西，而做出任何对企业发展不利的事情。这一点，请各位同事铭记在心。

杰里特是一个典型的缺乏服务意识的例子。他没有认识到这样一个问题：无论你的资格有多老，无论你的学历有多高，也无论你的能力有多强，身为一名企业的职员，必须时刻提醒自己，要有服务意识，用服务意识来指导自己的工作，而不是缺乏约束，自私自大，否则的话，遭到淘汰也是必然的事。

你的服务意识有多少，就会得到多少回报。如果你一点都没有，或是一点也不肯付出，工作散漫，以自我为中心，甚至孤傲自大，那么企业怎么会把这样一个"毫无服务意识"的员工留在企业里呢？

作为一名企业的员工，你是否明白，服务意识应该牢牢扎根于自己的内心深处，尤其是已经成为团队的管理者，作为团队的核心，服务意识更是不可缺少的。当然，如果你是企业中层级最低的员工，那么你交往最多的，一定是可以直接打交道的顾客，对于这部分员工来讲，当然应该提高对顾客服务的意识。

2. 服务质量的含义

服务质量是产品生产的服务或服务业满足规定或潜在要求（或需要）的特征和特性的总和。特性是用以区分不同类别的产品或服务的概念，如旅游有陶冶人的性情给人愉悦的特性，旅馆有给人提供休息、睡觉的特性。特征则是用以区分同类服务中不同规格、档次、品味的概念。服务质量最表层的内涵应包括服务的安全性、适用性、有效性和经济性等一般要求。

鉴于服务交易过程的顾客参与性和生产与消费的不可分离性，服务质量必须经顾客认可，并被顾客所识别。服务质量的内涵应包括以下内容：

（1）服务质量是顾客感知的对象；

（2）服务质量既要有客观方法加以制定和衡量，更多地要按顾客主观的认识加以衡量和检验；

（3）服务质量发生在服务生产和交易过程之中；

（4）服务质量是在服务企业与顾客交易的真实瞬间实现的；

（5）服务质量的提高需要内部形成有效管理和支持系统。

3. 预期服务质量和感知服务质量

预期服务质量即顾客对服务企业所提供服务预期的满意度。感知服务质量则是顾客对服务企业提供的服务实际感知的水平。如果顾客对服务的感知水平符合或高于其预期水平，则顾客获得较高的满意度，从而认为企业具有较高的服务质量，反之，则会认为企业的服务质量较低。从这个角度看，服务质量是顾客的预期服务质量同其感知服务质量的比较。

预期服务质量是影响顾客对整体服务质量的感知的重要前提。如果预期质量过高，不切实际，则即使从某种客观意义上说他们所接受的服务水平是很高的，他们仍然会认为企业的服务质量较低。预期质量受四个因素的影响：即市场沟通、企业形象、顾客口碑和顾客需求。

市场沟通包括广告、直接邮寄、公共关系以及促销活动等，直接为企业所控制。这些方面对预期服务质量的影响是显而易见的。例如，在广告活动中，一些企业过分夸大自己的产品及所提供的服务，导致顾客心存很高的预期质量，然而，当顾客一旦接触企业则发现其服务质量并不像宣传的那样，这样使顾客对其感知服务质量大打折扣。

企业形象和顾客口碑只能间接地被企业控制，这些因素虽受许多外部条件的影响，但基本表现为与企业绩效的函数关系。

顾客需求则是企业的不可控因素。顾客需求的千变万化及消费习惯、消费偏好的不同，决定了这一因素对预期服务质量的巨大影响。

4. 服务质量的构成要素

服务质量既是服务本身的特性与特征的总和，也是消费者感知的反应，因而服务质量既由服务的技术质量、职能质量、形象质量和真实瞬间构成，也由感知质量与预期质量的差距所体现。

技术质量是指服务过程的产出，即顾客从服务过程中所得到的东西。例如宾馆为旅客休息提供的房间和床位，饭店为顾客提供的菜肴和饮料，航空公司为旅客提供的飞机、舱位等。对于技术质量，顾客容易感知，也便于评价。

职能质量是指服务推广的过程中顾客所感受到的服务人员在履行职责时的行为、态度、穿着、仪表等给顾客带来的利益和享受。职能质量完全取决于顾客的主观感受，难以进行客观的评价。技术质量与职能质量构成了感知服务质量的基本内容。

形象质量是指消费者企业在社会公众心目中形成的总体印象。它包括企业的整体形象和企业所在地区的形象两个层次。企业形象通过视觉识别、理念识别、行为识别等系统多层次地体现。顾客可从企业的资源、组织结构、市场运作、企业行为方式等多个侧面认识企业形象。企业形象质量是顾客感知服务质量的过滤器。如果企业拥有良好的形象质量，些许的失误会赢得顾客的谅解；如果失误频繁发生，则必然会破坏企业形象；倘若企业形象不佳，则企业任何细微的失误都会给顾客造成很坏的印象。

真实瞬间则是服务过程中顾客与企业进行服务接触的过程。这个过程是一个特定的时间和地点，这是企业向顾客展示自己服务质量的时机。真实瞬间是服务质量展示的有限时机。一旦时机过去，服务交易结束，企业也就无法改变顾客对服务质量的感知；如果在这一瞬间服务质量出了问题也无法补救。真实瞬间是服务质量构成的特殊因素，这是有形产品质量所不包涵的因素。

服务生产和传送过程应计划周密，执行有序，防止棘手的真实的瞬间出现。如果出现失控状况并任其发展，出现质量问题的危险性就会大大增加。一旦真实的瞬间失控，服务质量就会退回到一种原始状态。服务过程的职能质量更是深受其害，进一步恶化质量。

为了提高中职生的服务质量需要培养以下几种服务态度：真诚质朴、尊重备至、乐于助人、温良谦恭、彬彬有礼。

同时也要避免七种恶性服务，冷漠的对待客户；应付客户；冷淡客户；以居高临下的态度对待客户；像机器人一样的工作；在规章簿上吊死；让客户跑来跑去。

总之优秀的服务质量需要长期的培养和训练，目前对中职生应注重培养服务意识，主要包括如下三个方面。

（1）热爱自己的工作及工作环境。企业总是乐意聘用那些精力充沛、积极、热情的人。因为这些人都有一个共同点，那就是乐于热心地为他人服务，具有积极乐观的工作态度。在同事之间、与客户甚至与上下级之间都应该建立起一种互相帮助的关系，要做到这一点，首先自己要热情地为别人提供帮助。在心里，要有一种帮助别人就是帮助自己的信念。这样才能真正的从内心里生出一种服务意识。

（2）服务沟通的技巧。

① 尊重备至。尊重是中国殷勤待客的核心部分之一，缺少尊重必定会破坏和谐的关系。就算我们做不到永远按照上级、同事和客户的要求和愿望行事，但也决不能有羞辱、为难、贬低或怠慢顾客的行为。

② 温良谦恭，无论是面对上、同事还是客户，都应该表现得自信而不骄矜，他们不总是对的，但永远是第一位的。无论出现什么情况，都应该心态平和。

③ 彬彬有礼。礼貌是中国文化另外一个组成部分，它的含义是言行文明、举止大方、细致周全，礼貌能够给人创造美好又永久的印象。

④ 真诚质朴。真诚、热情发自内心。诚信既然是商业活动中最重要的品质，那么它当

然也是人际关系之本，更是我们所谈的服务之本。与人相处的时候，不要太过矫饰自己，应该尽量表现自己真实自然的一面，多放一些注意力在别人身上，才能够发现他人的需要，从而提供细心、周到的服务。

（3）娴熟的业务技能，严格按照工作程序执行任务。

案例【4-2-2】

海尔的星级服务有一套规范化的标准，除了在售前、售中为顾客提供详尽、热情的咨询服务外，在任何时候均为顾客送货上门；根据用户指定的时间、空间，给顾客提供最方便的安装；上门调试，示范性指导使用；售后跟踪；上门服务；出现问题24小时内尽快答复，使用户毫无后顾之忧。

这些规范后来发展为海尔的"五个一"服务，即递上一张名片、穿上一副鞋套、配备一块垫布、自带一块抹布、提供一站式产品通检服务。这种星级服务细致到上门服务时，先套上一双鞋套，干活时先在地上垫块垫布，以免弄脏地面，服务完毕后再用麻布把电器擦干净。

在实施星级服务中，海尔还推出了"一、二、三、四"模式，用户有多少要求，海尔的服务内容就有多少；市场有多大；海尔的服务范围就有多大。

海尔总裁张瑞敏认为，如果不建立完美的服务体系和服务手段，就无法让消费者满意，占领市场也会成为一个苍白的目标，企业也无法良性经营以及持续发展。

美国通用公司总裁也曾这样评价海尔，通过真诚的服务、不断满足用户对产品服务方面的一个又一个新的希望，不仅让消费者得到了物质上的享受，还让他们得到了精神上的享受。

第二节　遵循职业道德，磨砺发展之剑

引例

马班路上的邮差——王顺友

一个人，一匹马，一条路。

在延绵数百公里的雪域高原上，一个人牵着一匹马驮着邮包默默行走的场景，成为当地百姓心中最温暖的形象。

20多年来，他一个人跋山涉水、风餐露宿，按班准时地把一封封信件、一本本杂志、一张张报纸准确无误地送到每个用户手中。

20多年来，他一路奔波，不喊累不叫苦，战胜孤独和寂寞，将党和政府的温暖、时代发展的声音和外面世界的变迁不断地传送到雪域高原的村村寨寨。

……

这个人，就是四川木里藏族自治县邮政局的一个普通的苗族乡邮员；一个20多年来每年都有330天独自行走在"马班邮路"上的邮递员；一个在雪域高原跋涉了26万公里，相当于走了20趟二万五千里长征、约绕地球赤道六圈的共产党员——王顺友。

从这个事例中的人物王顺友身上，我们可以看到他具备良好的职业道德。职业道德对调节职业关系中的各种矛盾，促进职业健康发展，推动从业人员养成良好的职业品质，纠正行业不正之风，改良整个社会风气都具有十分重要的现实意义。

一、什么是职业道德

随着人类社会的进步与发展，人与人的职业关系也越来越密切。同时也产生了不同行业的道德规范，调节着人们的利益关系。俗话说，做官有"官德"，治学有"学德"，执教有"师德"，行医有"医德"，从艺有"艺德"，经商有"商德"等。这些都是所谓的"德"，也就是各行各业的特殊规范。它是与本行业和岗位的社会地位、功能、权利和义务相一致的道德准则和行为规范，是一般社会道德和阶级道德在职业生活中的具体体现。它涵盖了从业人员与服务对象、职工与职工、职业与职业的关系，既是对从业人员在职业活动中的行为要求，又是本行业对社会承担的道德责任和义务。

家住禹城市城区的秦先生的儿子正在读初中，眼睛出现了近视现象，为此到行政街某眼镜店给孩子配近视镜。一进店门，经营者态度和蔼，介绍各种眼镜。当介绍到多焦点眼镜时，称此镜同时是理疗镜，配戴后可防止近视再发展。秦先生挺高兴，不但解决了近视眼的问题，而且还可预防近视度数增高。他相信了经营者的话，为孩子花了340元配了一副眼镜。心想，这下可放心了，不用担心孩子的近视越来越严重了。可事与愿违，儿子配戴半年后，近视度数却由左225度、右200度上升至350度和370度，这事把秦先生急坏了。最后在禹城市消协城区分会的调解下，由经营者退回眼镜款340元，并赔偿损失2 000元。

这个事情看似在消费者协会的调解下解决了，经营商家不但退回了眼镜款，还补偿了2 000元损失。可是，孩子受损的视力却到哪里去补偿？这个缺乏职业道德的经营者不仅自己受到了处罚，还给孩子带来了一生的痛苦，职业道德的沦丧是整个社会之痛。

为什么各行各业都必须有自己的职业道德规范呢？这是因为各行各业的职业活动都有自己的客观规律。为维护不同行业的正常运行，维护行业的生存和发展，就必须有体现不同行业内涵的职业道德规范。

被尊为"医学之父"的古希腊著名医生希波克拉特斯在公元前五世纪至四世纪就以誓言的形式提出了医生应当遵守的道德规范。

（1）对授业之师，敬若父母。倘若需要，我要与他分享钱财，赡养其身。
（2）对其子嗣视若手足，如愿学医，我要热心教导，不图报酬。
（3）对我的儿子、老师的儿子，以及宣誓立约的门生，我要悉心传授医学知识。
（4）我要克尽全力，采取我认为有利于病人的医疗措施。

（5）不把毒药给任何人。

（6）我要清清白白地行医。

（7）进入别人的家，只是为了看病，不为所欲为，不受贿赂。

（8）对我所看到或听到的不应传的私生活，不管与我的医务是否有关，我决不泄漏，严加保密。

这八条誓言，是针对当时行医条件下最完整的医德规范，它对后世医德的发展产生了巨大影响。1948年，世界医协大会以它为蓝本起草了著名的日内瓦宣言。第二年，世界医协大会又通过决议，把它作为国际医务道德的规则。

职业道德虽然是在特定的职业生活中形成的，但它绝不是离开阶级道德或社会道德而独立存在的。在阶级社会里，职业道德始终是在阶级道德和社会道德的制约和影响下存在和发展的。职业道德和阶级道德或社会道德之间的关系，就是一般与特殊、共性与个性之间的关系。任何一种形式的职业道德都在不同程度上体现着阶级道德或社会道德的要求。同样，阶级道德或社会道德，在很大范围上都是通过具体的职业道德形式表现出来的。而职业道德主要表现在实际从事一定职业的成人的意识和行为中，是道德意识和道德行为成熟的阶段。职业道德与各种职业要求和职业生活结合，具有较强的稳定性和连续性，形成比较稳定的职业心理和职业习惯，同时影响着道德主体的道德风貌。

二、职业道德的特点

1. 职业道德具有适用范围的有限性

每种职业都担负着一种特定的职业责任和职业义务。由于各种职业的职业责任和义务不同，从而形成各自特定的职业道德的具体规范。

2. 职业道德具有发展的历史继承性

由于职业具有不断发展和世代延续的特征，不仅其技术世代延续，其管理方法也有一定历史继承性。如急人所难、救死扶伤从古至今始终是医务工作人员的职业道德。

3. 职业道德表达形式的多种多样

随着生产力的发展，社会分工越来越细，职业也就越来越多。由于各种职业对社会所承担的职责不同，为了保证职业活动的正常进行，各行各业形成了各自的特殊要求，各种职业道德的要求都较为具体、细致，因此其表达形式多种多样。

4. 职业道德兼有强烈的纪律性

纪律也是一种行为规范，它是介于法律和道德之间的一种特殊的规范。它既要求人们能自觉遵守，又带有一定的强制性。就前者而言，它具有道德色彩；就后者而言，又带有一定的法律色彩。就是说，一方面遵守纪律是一种美德，另一方面，遵守纪律又带有强制性，具有法令的要求。因此，职业道德有时又以制度、章程、条例、守则的形式表达，让从业人员认识到职业道德又具有纪律的规范性。如医务人员的医德规范。公安部的五条禁令等。

三、职业道德的主要内容

职业道德主要内容包括：

1. 爱岗敬业

爱岗就是热爱自己的工作岗位，热爱本职工作。爱岗是对人们工作态度的一种普遍要求。热爱本职，就是职业工作者以正确的态度对待各种职业劳动，努力培养热爱自己所从事的工作的幸福感、荣誉感。敬业就是用一种严肃的态度对待自己的工作，勤勤恳恳，兢兢业业，忠于职守，尽职尽责。

爱岗与敬业精神是相通的，是相互联系在一起的。爱岗是敬业的基础，敬业是爱岗的具体表现，不爱岗就很难做到敬业，不敬业也很难说是真正的爱岗。爱岗敬业是为人民服务和集体主义精神的具体体现，是社会主义职业道德一切基本规范的基础。

2. 诚实守信

诚实，就是忠诚老实，不讲假话。诚实的人能忠实于事物的本来面目，不歪曲、不篡改事实，同时也不隐瞒自己的真实思想，光明磊落，言语真切，处事实在。诚实的人反对投机取巧、趋炎附势、吹拍奉迎、见风使舵、争功诿过、弄虚作假、口是心非。守信，就是信守诺言、说话算数、讲信誉、重信用，履行自己应承担的义务。

诚实和守信两者意思是相通的，是互相联系在一起的。诚实是守信的基础，守信是诚实的具体表现，不诚实很难做到守信，不守信也很难说是真正的诚实。"诚实"是真实不欺，"守信"也是真实不欺。诚实侧重于对客观事实的反映是真实的，对自己内心的思想、情感的表达是真实的。守信侧重于对自己应承担、履行的责任和义务的忠实，毫无保留地实践自己的诺言。诚实守信是忠诚老实、信守诺言，是为人处事的一种美德。

3. 办事公道

办事公道是指从业人员在办理事情处理问题时，要站在公正的立场上，按照同一标准和同一原则办事的职业道德规范。

人们生活在世界上，就要与人打交道，就要处理各种关系，这就存在办事是否公道的问题，每个从业人员都有一个办事公道问题。如果一个服务员接待顾客不以貌取人，对不同国籍、不同肤色、不同民族的宾客能一视同仁，同样热情服务，这就是办事公道。一个售货员对于购买其商品的消费者，无论其购买商品的贵贱，同样周到接待，这就是办事公道。

4. 服务群众

服务群众就是为人民群众服务。时时刻刻为群众着想，急群众所急，忧群众所忧，乐群众所乐。服务群众的含义，应注意如下两个方面。

（1）服务群众是对各级领导及各级领导机关、各级公务员的一种要求。领导干部、各级公务员一定要真心诚意服务于群众，绝不能践踏人民的利益，不能利用人民赋予的权力随心所欲，谋取私利。服务群众是党的群众路线在社会主义职业道德的具体表现，这也是社会主义职业道德与以往私有制社会职业道德的根本分水岭。

（2）服务群众是对所有从业人员的要求。每个从业人员都是群众中的一员，既是为别人服务的主体，又是别人服务的对象。每个人都有权享受他人职业服务，同时又承担着为他人作出职业服务的义务。因此，服务群众作为职业道德，不仅仅是对领导及公务员的要求，而且是对所有从业者的要求。

5. **奉献社会**

奉献社会，就是全心全意为社会做贡献。奉献就是不计较个人得失，兢兢业业，任劳任怨。一个人不论从事什么行业的工作，不论在什么岗位，都可以做到奉献社会。奉献社会是一种人生境界，是一种融在一生事业中的高尚人格。

奉献社会与爱岗敬业、诚实守信、办事公道、服务群众这四项规范相比较，是职业道德中的最高境界，同时也是做人的最高境界。爱岗敬业、诚实守信是对从业人员的职业行为的基础要求，是首先应当做到的。做不到这两项要求，就很难做好工作。办事公道、服务群众比前两项要求高了一些，需要有一定的道德修养做基础。奉献社会，则是这五项要求中最高的境界。一个人只要达到一心为社会做奉献的境界，他的工作就必然能做得很好，这就是全心全意为人民服务了。

四、职业道德的作用

职业道德是社会道德体系的重要组成部分，它既具有社会道德的一般作用，又具有自身的特殊作用，具体表现在以下方面。

（一）职业道德规范的调解职能有利于建立新型和谐的人际关系

人类社会长期以来形成了各行各业的分工协作关系，在社会物质文明建设的进程中必然要产生种种人际关系，如从业人员内部的分工与协作关系，以及从业人员和服务对象之间的交流与互动关系。可以运用职业道德规范约束职业内部人员的行为，促进职业内部人员的团结与合作。同时，职业道德规范对各行各业的从业人员都有一个基本要求，就是要团结、互助、爱岗、敬业并齐心协力地为发展本行业和本职业服务，这样又调节了从业人员和服务对象之间的关系。

（二）有利于规范各行各业的行为，促进生产力的发展

责任心是职业道德水平的标准之一，从业人员具有了较高的职业道德水准，就能充分发挥主观能动性和创造性。从而大大提高劳动生产率，促进经济的发展。高水准的职业道德是产品质量和服务质量的有效保证，也是提升企业及其产品与服务在社会公众心目中信任程度的依靠。

职业道德与管理制度之间是相辅相成的，管理制度作为强制性的章程，最低限度地规范员工的行为标准，是事后的、惩罚性的且消极的；而职业道德作为精神上的舆论性的规范，最大广度地约束职员的行为底线，是事前的，自觉的且积极的。二者相互补充，对规范行业的行为起着重要的作用。

案例【4-2-3】

海尔：真诚何以到永远！

海尔有一个很著名的广告语，叫作"真诚到永远"。海尔总裁张瑞敏解释说：一个企业要永续经营，首先要得到社会的承认、用户的承认。企业对用户真诚到永远，才有用户、社会对企业的回报，才能保证企业向前发展。"顾客永远是对的。"张瑞敏说："不管在任何时间、任何地点、发生任何问题，错的一方永远只能是厂家，永远不是顾客，不管这件事表面现象看来是不是顾客的错。"

1994年夏天《青岛晚报》发了一则报道，谴责本市一名出租司机把顾客买的海尔空调器拉跑了。海尔知道了这个消息后，给这位顾客送去了一台空调器。这条消息再次成为新闻，社会舆论一致赞誉海尔助人为乐，但海尔人认为：这件事真正的责任还在企业身上，如果我们把空调器直接送到顾客家里，就不会出现这样的问题了。由此，海尔酝酿推出了无搬动服务。

一位农民来信说自己的冰箱坏了。海尔马上派出工作人员上门处理，还带着一台新冰箱。赶了200多公里到了顾客家，一检查是温控器没打开，打开温控器就一切正常了。海尔管理层却就此进行认真的反思：绝不能埋怨顾客，海尔必须满足所有人的需求，要把说明书写得让所有人都读懂才行。

四川一位顾客反映海尔洗衣机质量不好，出水口经常被堵住。经过了解，原因是他经常用洗衣机洗红薯。技术人员得到这个信息认为太荒唐了，洗衣机怎么可以用来洗红薯呢？但海尔认为，这是一条非常宝贵的信息，说明顾客有了这个需求。后来，海尔就推出了一种既可以洗衣服又可以洗红薯、洗土豆的洗衣机。

……

这些举动不仅使海尔赢得了用户的信赖，更使他们赢得更大的市场。至今，海尔先后在欧洲、美国、亚洲等地区建立了自己的生产基地，并在海外建立18个设计中心，56个贸易中心和40 000多个营销网点。他们的目标就是要在国际市场创美誉，创出国际名牌。

（三）有利于提高全民族的道德素质，促进全社会道德风貌的好转

职业是个人与社会交往的交汇点，职业活动是个人一生中的主要生活内容，职业行为是个人与社会进行交往联系的基本方式。职业岗位是培养人格的最好场所，也是表现人格的最佳场所。所以在职业行为中的道德表现就成为一个人道德生活的主要组成部分，职业道德修养就成为整个人格修养的重要组成部分。职业道德对人们的思想和行为具有深刻的影响，它能够指导人们在工作中树立正确的荣辱、是非和善恶观念。并且确立具体的生活理想和奋斗目标，形成具体的人生观和道德理想，它对于促进从业者的自我完善具有不可忽视的重要作用。

此外，人的情感是相互传染的。高尚的道德情感以一种示范姿态，可以通过人与人的

关系传递给自己的服务对象，从而使自己的服务对象感到心情舒畅。并把这种情感体验化为自己的行为，同时再传递给其他职业的工作者。如果每个社会从业人员都能自觉地遵守和履行职业道德，必然有利于促进和谐的人际关系和良好的社会风尚的形成与发展；反之，则将导致不良社会风尚的产生和蔓延。

案例【4-2-4】

红丝带，在泪光中飘舞——记南宁第四医院护士长杜丽群

广西省南宁市第四人民医院艾滋病科的护士长，杜丽群先后与3000多名艾滋病人，在医院病房里朝夕相处2000多个日夜。病房里每一天都在上演辛酸的故事和生死保卫战。

"对待病人要像对待亲人一样"

2006年的一个周末，在家休息的杜丽群被紧急电话叫醒。原来，一名女医生在看诊的过程中，被病人阿强用一尺多长的砍刀卡住脖子不放。杜丽群赶到病房，"我没有退路，只能耐心去劝说，最后让阿强慢慢放下手中的刀。"

杜丽群说，在巨大心理压力之下，艾滋病人更需要得到别人的尊重和理解。

2006年至2007年间，阿强经常到艾滋病科住院。每次住院，他都带着一把一尺多长的刀放在枕头下。趁病友睡着时，他将病友挂在脖子上的手机拿走，却跑到杜丽群办公室说："只有你们医生和护士有剪刀，估计是你们干的。"隔壁病床的病人不喜欢说话，他就打人家几巴掌。一个病人家属路过病房多看了他几眼，他就要和人家拼命。稍有不顺心，就投诉说医生和护士调戏他……

面对这样一个病人，杜丽群一次又一次和他好好沟通。"有好几次我都生气了，警告他如果再闹事，再对医生和护士不客气，医院就不敢接收他了，他的病就没人治了。"杜丽群的沟通和警告取得了效果。后来她才得知，阿强喜欢闹事是因为缺乏安全感，家人对他不闻不问让他感到自己被抛弃了，在病房挑起种种事端只是为了引起医生和护士的特别关注。阿强感受到杜丽群和护士们对他的关心后，暴躁情绪渐渐少了。

出于对艾滋病的恐惧，一些刚加入医护队伍的护士不敢与病人接触，杜丽群就会告诉她们："对待病人要像对待亲人一样，你关心他们、照顾他们，他们才不会伤害你。"

案例【4-2-5】

"如果我不去，护士们更不敢去"

2005年6月，南宁市第四人民医院成立了艾滋病科，40岁的杜丽群主动请缨成为艾滋病科护士长。第一年，收治病人200多人；第二年，收治病人400多人；2010年，收治病人超过1000人。

"十几名护士一年要护理1000多名艾滋病人，我们所承受的压力常人无法想象。"杜丽群说。

2005年8月，艾滋病科收治了一位全身长满皮疹的病人。这位病人全身冒出很多水泡并开始溃烂，皮肤和血都粘在了床单上，发出阵阵恶臭。医院首次收治这样的病人，很多护士都是刚从学校毕业的新手，看着浑身是血的病人，姑娘们都不敢上前，连陪护的家属闻到恶臭后也纷纷避让。作为护士长，杜丽群只能硬着头皮去给病人作护理，恶心了就到卫生间里呕上一会儿回来接着弄。"如果我不去，护士们更不敢去。如果护士们都打退堂鼓了，科室就难以维持，病人就得不到好的救治。"她说。

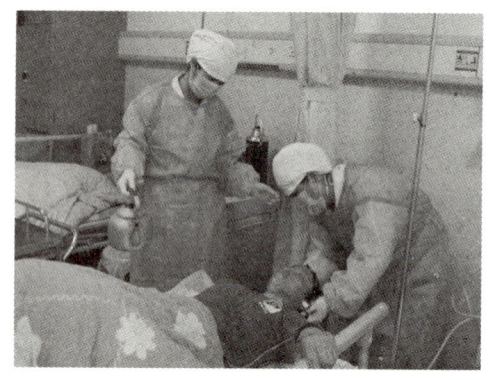

为了让病人保持干爽，杜丽群每天为他更换两次床单，每一次要花去一个多钟头，因为皮肤粘在了床单上，只能让病人一厘米一厘米地翻身，每翻一次，病人就会疼得阵阵惨叫。换完床单，杜丽群还要给病人进行伤口清洗，从眼睛到口腔，再到阴部，每一寸皮肤都不能放过。如此坚持十几天之后，病人的水泡才开始干涸，皮疹也逐渐消失。

"谢谢你救了我一命。"病人对杜丽群说的话，让她感到丝丝欣慰。

杜丽群在平凡的岗位上做出了许多不凡的事迹，实现了自己的人生价值。由此获得的一串串荣誉是她热爱医务工作结出的硕果，是全体同事及广大病患者对她工作的肯定和认可。

五、良好职业道德的养成

职业道德不会自发产生，一个人如果要成为一个职业道德高尚的从业者，就需要有一个从认识职业道德规则到养成职业道德行为习惯和职业道德信念的过程。比如一个商人要真正做到"货真价实，童叟无欺"，首先要知晓这个规则的重要意义。但仅仅知晓还不够，经营过程中，商人必定会遭遇同行竞争、成本上升、顾客挑剔、利益诱惑等各种情况。这时，就需要商人设置道德良心的底线并具备恪守规则的意志，才能将"货真价实，童叟无欺"落实到行为中，并形成内心的道德信念。

首先，树立正确的人生观是培养职业道德的前提。

人生观是对人生的价值、目的及道德等观点的总和，是对人生的根本看法。人生观属于思想意识的范畴，它以观点、信念、理想、需要、动机和兴趣等具体形式，表现在人的个性的意识倾向中。而这种作为心理的稳定倾向的人生观，在人的整个心理活动中处于主导的地位，对人的心理功能起着调节和支配的作用。它不仅决定着一个人对周围事物的态度，而且调节人的行为、活动方向和进行方式。

树立正确的人生观，才能够顾全大局、克己奉公，不为个人得失而斤斤计较，不会陷入"自我中心"而难以自拔。并且不向挫折屈服，不为冲突而忧虑，热爱自己本职工作，积极努力做出成绩，奉献自己存在的价值，与大众共享幸福之乐。

只有树立了正确的人生观，才能树立正确的职业观，才能一步一个脚印地朝着人生目标迈进。有个老党员叫甘志周，每在一个岗位都干得很出色。他经常勉励自己说：愿做革命一石条，哪里需要哪里调。党叫我铺路就铺路，让我架桥就架桥。他做报告时又风趣地引申了这句话：愿做革命一条狗，谁愿牵走谁牵走。他被评为全国劳模，受到党和国家领导人亲切接见。清洁工人时传祥"宁愿一身臭，换来万人洁"的豪言壮语，至今广为流传；售票员李素丽在公交车上诠释了为人民服务的宗旨，受到百姓赞扬；钟南山等一大批白衣天使，在"非典"一线谱写出感人篇章。他们对自己从事的职业有一种自豪感、神圣感和强烈的使命感，在平凡的工作岗位上实现了自己的人生价值。

其次，提高对职业道德原则、规范的认识与理解，培养职业道德情感。

一个劳动者只有正确认识到职业道德规范的作用与意义，才能确立相应的职业道德观念，树立职业理想，培养起职业情感，才能做到忠于职守，热爱本职工作，全心全意为人民服务。工作上就能主动、热情、耐心并周到，也能正视和改正自己的缺点，主动接受群众的监督。

职业道德情感是从业者个人对现实职业生活中的道德关系和道德行为好恶的情绪和态度，它受职业道德理想和信念的制约。职业道德情感一旦形成，就会产生一种稳定而强大的力量，积极地影响和调节从业人员的职业道德行为，获得对事业的高度责任心。使人对工作兢兢业业，对业务精益求精，力争做出好成绩。

再次，学习先进人物的优秀品质，不断激励自己。

先进人物想人民之所想，急人民之所急，处处为人民谋利益的优秀品质是青年学生道德修养的榜样。从业者要培养良好的行为习惯，经常进行自我反思，增强自律性，不断地同旧思想、旧意识，以及社会上的不良现象作斗争。

最后，养成职业道德习惯。

养成良好的职业道德习惯就是在实践中把职业道德规范变成自己自觉的要求，树立自律意识，在职业行为中自觉地身体力行，由强制性的管理章程转变为积极的精神上的规范。一旦社会主义职业道德规范成了自己的职业习惯，就能真正提升个人的精神文明水平。

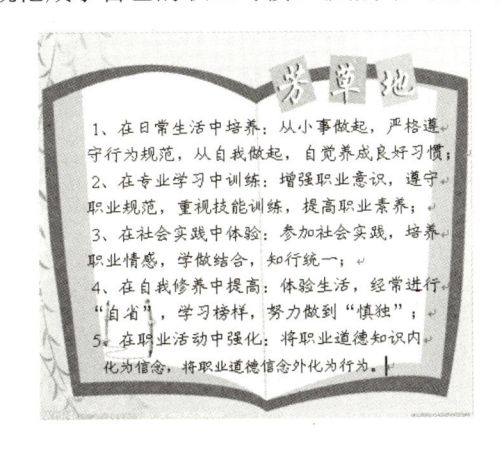

> **芳草地**
> 1、在日常生活中培养：从小事做起，严格遵守行为规范，从自我做起，自觉养成良好习惯；
> 2、在专业学习中训练：增强职业意识，遵守职业规范，重视技能训练，提高职业素养；
> 3、在社会实践中体验：参加社会实践，培养职业情感，学做结合，知行统一；
> 4、在自我修养中提高：体验生活，经常进行"自省"，学习榜样，努力做到"慎独"；
> 5、在职业活动中强化：将职业道德知识内化为信念，将职业道德信念外化为行为。

六、教师职业道德

中职生在就职时,有些会选择教师行业,而身为教师则需要具备严格的职业道德标准,教师需要具备的职业道德通常有以下几个方面。

(一)依法执教

认真学习和宣传马列主义、毛泽东思想、邓小平理论和江泽民的"三个代表重要思想";坚持党的四项基本原则,拥护党的基本路线;全面贯彻国家教育方针,自觉树立新的课程观,实施素质教育;自觉参加政治学习活动;积极参与民主管理学校;遵纪守法,为人师表。

(二)爱岗敬业

全身心投入教育事业,自觉维护学校利益,尽职尽责、教书育人,培养学生具有良好的思想品德;在工作时间中不干与教育教学无关的事,不迟到早退;认真备课上课,认真批改作业,不敷衍塞责,注意适当减轻学生负担。

(三)热爱学生

关心爱护全体学生,尊重学生的人格,平等、公正对待学生;对学生严格要求,耐心教导,不讽刺、挖苦、歧视学生,不体罚或变相体罚学生;保护学生合法权益,促进学生全面、主动、健康发展。

(四)严谨治学

树立"终身"学习的思想,坚持在职进修,树立优良学风,该苦钻研业务,不断学习新知识,探索教育教学规律,改进教育教学方法,提高教育、教学和科研水平;坚持因材施教,发挥学生的主体作用,在知识传授的同时注意培养学生的能力。

(五)团结协作

弘扬关心他人、团结协作的良好风气,同事之间相互尊重、相互学习、相互帮助;维护教师在学生中的威信,维护教师的合法权益;关心集体,维护学校荣誉,共创文明校风。

(六)尊重家长

主动与学生家长联系,经常与家长沟通,认真听取意见和建议,取得支持与配合,形成家校教育的合力;树立为学生、家长服务的思想,积极宣传科学的教育思想和方法,讲究沟通艺术,不训斥、指责学生家长。

(七)为人师表

模范遵守社会公德、职业道德;衣着整洁得体,语言规范健康,举止文明礼貌,严于律己;作风正派,不搞不正之风,不搞小团伙、小集团;以身作则,注重身教,成为学生的表率,自觉维护自身的良好形象。

(八)廉洁从教

坚守高尚情操,发扬奉献精神,自觉抵制社会不良风气影响;不利用职务之便谋取私利。

（九）态度积极

参加学校开展的各项活动，乐于承担学校分配的各项工作，并认真完成。

（十）积极参加社会活动

教师应积极参加有益扩大学校影响，有利学校声誉与形象的社会活动。

综合应用

（1）联系实际谈谈如何从自身做起，克服行业不正之风。

（2）结合所学内容的观点，写出一篇如何加强个人职业道德修养，提高道德选择能力的小短文（不少于800字）。

第三节 职业能力

职业能力是人们在从事其职业的一种综合能力。可以定义为个体将所学的知识、技能和态度在特定的职业活动、情境中进行类化迁移与整合所形成的能完成一定职业任务的能力。

一、学习能力

学习能力通常是指人们按照一定的社会和个人价值需求主动地吸收和掌握生命发展所需要的一切事物的个性倾向。例如，经验、信息、科学知识和科学技术，以及各项技能的学习等。现代社会是科技迅速发展的社会，是信息急剧膨胀的社会，是文化多元环境复杂的社会，这就要求人们能主动地摄取最有用的信息，也要不断学习。圣吉曾说过，"未来唯一持久的优势，是有能力比你的对手学习得更快。"在这个信息爆炸的时代，与之相伴的指示老化速度也日益加快，为了适应这个高速变化的时代，唯一的选择就是努力得更快，要想在职场中立于不败之地，需要重视并快速提升自己的学习能力。

学习能力已经成为现代企业看重的一项职业素质，国内某电气公司公关总监曾表示，许多企业并不在乎应届生与公司要求之间的差距，因为他们对所拥有的培训体系非常自信，所以只要有强烈的求知欲和学习能力就一定可以通过系统的培训脱颖而出，所以这类公司通常在面试时非常注重对求职者学习能力的考验。

一位在职场奋战多年的成功人士总结说："对工作而言，学历代表过去，能力代表现在，而学习能力才能代表将来。"所以作为中职毕业的年轻人，事业的顺利发展与主动学习的意识和能力是分不开的，具备这种能力的人，无论在怎样的环境下都会脱颖而出，也可以总结出提升职场学习能力的基本方法。

（1）明确自己的职业价值，做好职业规划。如果你已经了解学习能力的重要，但不知道该学什么，此时就需要澄清一下自己的职业价值观了，可以考察一下自己碰到的"高收入"、"稳定性"、"生活安逸"、"自我成长"等这些选择，想想每一个选择对自己的意义以及可能带来的结果,也可以问我自己"哪一个才是最珍视的价值观?",然后根据这个职业价值观来确定自己想要从事的职业领域,也让这个规划引领学习的动力。

(2) 分析自己的现实环境明确学习的目标与方向。刚刚进入职场很多人都会觉得迷茫与沮丧,对现状不满却又缺乏改变的勇气与能力,现在很多年轻职场人也不肯静下来看书,这种趋向产生的原因主要是因为对自己正处于的现实环境缺乏一定的认知,没有学习的目标与动力。

(3) 处理好工作中的时间管理问题。如何分配利用时间是每个人都会遇到的问题,有些人觉得工作中很难管理自己的时间,经常被任务牵着走,忙的时候熬夜加班,闲的时候无事可做。因此提升学习能力首先需要加强自身的时间管理,善用时间,需要学会驾驭自己所有的时间,也不断提升自己。

(4) 注重日常积累。处处留心皆学问,在竞争市场激烈的今天,单单有专业知识和理论知识是不够的,还需要学习一些生活起居、为人处世、待人接物等方方面面实用的智慧,因此要珍惜入职后的培训,也要处处留心学问,通过不断的学习充实自己,以丰富自己的知识和见识。

二、人际沟通能力

沟通能力指沟通者所具备的能胜任沟通工作的优良主观条件。简单来说,人际沟通能力指一个人与他人有效地进行沟通信息的能力,包括外在技巧和内在动因。其中恰如其分和沟通效益是人们判断沟通能力的基本尺度。恰如其分,指沟通行为符合沟通情境和彼此相互关系的标准或期望;沟通效益,则指沟通活动在功能上达到了预期的目标,或者满足了沟通者的需要。

表面上来看,沟通能力似乎就是一种能说会道的能力,实际上它包罗了一个从穿衣打扮到言谈举止等一切行为的能力,一个具有良好沟通能力的人,他可以将自己所拥有的专业知识及专业能力进行充分的发挥,并能给对方留下"我最棒""我能行"的深刻印象。

1. 沟通能力的必要性

人是社会的动物,社会是人与人相互作用的产物。"人是一切社会关系的总和。一个人的发展取决于和他直接或间接进行交往的其他一切人的发展。"因此,沟通能力是一个人生存与发展的必备能力,也是决定一个人成功的必要条件。

1) 职业工作需要沟通能力,各行各业,无论是会计、社会工作者、工程师,还是医生、护士、教师、推销员,沟通的技能非常重要。

2) 社会活动需要沟通能力,人们在生活中时时刻刻都离不开实践活动,总不免要与他人沟通。但是,沟通本身也不是非常容易的事。要向他人表达一个意思,始终说不清楚;要为他人办一件好事,但有可能弄巧成拙;本来想与他人打破原有的隔阂,但可能弄得更僵。所以说,现实的实践活动需要有一定的沟通能力。

3) 沟通也是个人身心健康的保证。比如与家人沟通,能使你享受天伦之乐;与恋人沟通,能使你品尝到爱情的甘甜;在孤独时,沟通会使你得到安慰;在忧愁时,沟通会使你得到快乐。英国著名文学家培根有句名言:如果把快乐告诉朋友,你将获得两个快乐;如果你把忧愁向朋友倾吐,你将被分担一半忧愁。

2. 提高沟通能力的方法

爱因斯坦说："物理很简单，人际关系很复杂。"提高自己人际交往能力的方法有很多，对中职生而言，重要的有以下几点。

（1）悉心倾听：不打断对方，眼睛不躲闪，全神贯注地用心来听；

（2）勇敢讲出：坦白讲出自己的内心感受、想法和期望；

（3）不能口出恶言：恶言伤人，就是所谓的"祸从口出"；

（4）对事不对人；

（5）理性沟通，有情绪时避免沟通；

（6）敢于认错，勇于承担责任；

（7）要有耐心，也要有智慧；

（8）学会拒绝。

3. 沟通的注意事项

在与别人沟通的时候，需要逐一解决如下几项。

（1）沟通目的。任何沟通，都会有一个目的或目标，即通过这次沟通想要达到什么，其他都是在为达到这个目标而服务，在沟通中也需要不时检查自己是否符合这一目标。

（2）沟通主体。在区分谁是沟通主体时，需要注意沟通双方的身份，还应考虑这次沟通的发起者是谁。沟通的目的是为了信息传递，而传递信息给对方的人就需要负责将沟通保持在一定位置上，避免偏离。

（3）沟通媒体。双方或多方沟通，除了选择恰当的交流方式，还需要选择合适的交流介质，比如图片、文字，还有就是用什么方式，比如介绍、演示等。

（4）沟通语言。语言的选择在沟通中是至为重要的，除了避免使用方言外，还应注意使用双方理解一致的词，有专业词汇的词应选用该专业词汇，但是需要注意对方的反应，并根据需要进行适当的解释。

三、团队合作能力

团队意识是具有集体意识和协调合作能力的一种综合表现。是为了一个统一的目标，大家自觉地认同必须负担的责任并愿意为此而共同奉献。其中的个体在被尊重的氛围中，上下齐心，团结合作，为了团队的利益而追求卓越。

团队意识包括两个方面的含义，一是集体意识。自己与同事共同构成的是一个为了公司或者单位利益而共同努力的集体，有共同的目标，根本利益是一致的。二是合作能力。将集体意识深入发展、应用到实际工作中就表现为合作能力。企业有了团队精神就是拥有了核心竞争力，团队精神是单位和个人成功的保证。

1. 作好一名团队队员

在一个团队中，身为团队中的一员怎样才能和团队的其他人员彼此合作呢？以下几点至关重要。

（1）慎重考虑，认真选择。当需要加入一个团队之前，首先要充分了解这个团队的目标任务、背景、以及具体要求等。选择一个正确的、好的团队，选一个自己喜欢，并符合社会法规要求的团队。选择自己喜欢的团队能够调整心态,积极参加团队活动,以"主角"的态度与团队保持一致。

(2) 明确责任、权利、利益,相互尊重,互相配合。作为团队中的一员,肩负怎样的责任和义务,要遵守哪些纪律要求,有怎样的权利和利益,以及扮演怎样的角色,这些都要了解清楚。只有清楚明白得这些,才能在团队中发挥更大作用,队员之间才能更好的互相合作,和谐相处。

(3) 关心和爱护团队,常提合理化的建议。一个优秀的团队,每位队员之间都很关心爱护,坚决反对任何有损团队声誉和荣誉的事,明白了这个道理,整个团队才能荣辱与共。常提合理化建议,是爱护和关心团队的积极表现,当发现团队的缺点和不足时,怎样改进?当发现领导和同事之间的工作缺点时,用怎样的方式提醒?当团队遇到困难时,如何克服?等等都需要大家群策群力,富有创造性的工作才能实现。

(4) 坚忍不拔,勇于行动。当认清了团队的奋斗目标后,需要的是坚忍不拔的毅力和勇于行动的胆量。一个国家、一个民族、一个大的团队、一个小的团队,虽然具体的奋斗目标有所不同,但总体目标应该都是一致的。

(5) 做好配角,在自己的岗位上尽心尽责。一个优秀的团队,队员之间有不同的岗位分工。且每一个位置都缺一不可,一个团队想要取胜,就要靠每个岗位上的队员尽心尽责,全队上上下下团结一致。在一个团队中有看起来的主角与配角,但这里的主角与配角只是分工不同、能力不同、岗位不同、发挥的作用不同而已,对整个团队来说都是必须的存在。所以即使是在配角的位置,也需要调整心态,尽心尽责到底。

2. **团队合作的原则**

团队合作主要有以下几个原则。

(1) 平等友善。与同事相处的第一步便是平等。不论是资深的老员工,还是新进的员工,都需要丢掉不平等的关系,不管是心里自大或自卑都是同事间相处的大忌。要特别注意的是只有真诚相待,才可以赢得同事的信任。

(2) 善于交流。同在一个公司、办公室里工作,你与同事之间会存在某些差异,知识、能力、经历影响你们在对待和处理工作时,会产生不同的想法。交流便是协调的开始,把自己的想法说出来,听对方的想法,你可以经常说这样一句话:"你看这事该怎么办,我想听听你的看法。"

(3) 谦虚谨慎。法国哲学家罗西法古曾说过:"如果你要得到仇人,就表现得比你的朋友优越;如果你要得到朋友,就要让你的朋友表现得比你优越。"当我们让朋友表现得比我们优越时,他们就会有一种被肯定的感觉;但是当我们表现得比他们优越时,他们就会产生一种自卑感,甚至对我们产生敌视情绪。因为谁都在自觉或不自觉中强烈维护着自己的形象和尊严。

(4) 化解矛盾。常言道,与同事有点小想法、小摩擦、小隔阂,是很正常的事。但千万不要把这种"小不快"变成"大对立",甚至成为敌对关系。对别人的行动和成就表示真诚的关心,是一种表达尊重与欣赏的方式,也是化敌为友的纽带。

(5) 接受批评。从批评中寻找积极成分。如果同事对你的错误大加抨击,即使带有强烈的感情色彩,也不要与之争论不休,而是从积极方面来关注他批评的内容,以及了解他批评的原因及目的。这样，不但对你改正错误有帮助，也避免了语言敌对场面的出现。

（6）创造能力。一加一大于 N。培养自己的创造能力，不要安于现状，试着发掘自己的潜力。一个有不凡表现的人，除了能保持与人合作以外，还需要所有人乐意与你合作。

总之，作为一名员工应该以你的思想感情、学识修养、道德品质、处世态度、举止风度，做到坦诚而不轻率，谨慎而不拘泥，活泼而不轻浮，豪爽而不粗俗，虽然不容易做到，但慢慢的努力，一定可以和其他同事融洽相处，提高自己团队作战的能力。

四、创新能力

创新指人类为了满足自身的需要，不断拓展对客观世界及其自身的认知与行为的过程和结果的活动。具体地讲，创新是指人为了一定的目的，遵循事物发展的规律，对事物的整体或其中的某些部分进行变革，从而使其得以更新与发展的活动。

创新能力是人们革旧布新和创造新事物的能力，它包括发现问题、分析问题、发现矛盾、提出假设、论证假设、解决问题以及在解决问题的过程中进一步发现新问题、新方法从而推动事物发展变化。创新能力具有综合独特性，和结构优化性等特征。遗传素质是形成人类创新能力的生理基础和必要的物质前提，它潜在决定着个体创新能力未来发展的类型、速度和水平；环境是人的创新能力和提高的重要条件，环境优劣影响着个体创新能力发展的速度和水平；实践是人创新能力形成的唯一途径。实践也是检验创新能力水平和创新活动成果的尺度标准。创新的本质是进取，是推动人类文明进步的激情；创新就要淘汰旧观念、旧技术、旧体制，培育新观念、新技术、新体制；创新的本质是不做复制者。

创新的能力有一部分来自于不断发问的能力和坚持不懈的精神；而且在一定的知识积累的基础上，可以训练出来、启发出来，甚至可以"逼出来"；创新最关键的条件是要解放自己。因为一切创造力都根源于人潜在能力的发挥。

创新能力并不是部分天才的专利，事实上每个人都具有创新能力，生物学家贝尔纳说"妨碍人们创新的最大障碍，并不是未知的东西，而是已知的东西。"因此，要想挖掘无穷的创新能力，必须跳出思维定势的框框，开阔视野及思路。

培养创新能力，可以参考以下四种方法。

（1）热爱生活，关注生活，享受生活。我们都知道，艺术和文学创作都必须源于生活，只有源于生活的东西才是具有生命力的东西，才能为人们所熟知所接受。其实，创新也一样，创新的灵感从哪里来，它也必须从生活中来，它不可能凌驾于生活之上，更不可能是梦幻的虚无飘渺的东西。

热爱生活，关注生活，享受生活是创新的前提和基础，如果不热爱生活、关注生活，创新也无法凭空而来。我们只有热爱生活，关注生活，享受生活，这样我们创新的灵感源泉才会永葆青春，永不枯竭，生活也才会日新月异，丰富多彩。艺术也一样是源于生活，这一点是相通的，不妨以艺术为例来证明这同一道理。

（2）正视创新内核：创新思维。创新能力一般被视为智慧的最高形式。它是一种复杂的能力结构。在这个结构中创新思维处于最高层次，它是创新能力的重要特性。创新能力实质就是创造性解决问题的能力。除此之外，创新能力还包括认识、情感和意志等许多因素。创新能力意味着不因循守旧，不循规蹈矩，不固步自封。随着知识经济时代的来临，知识创新将成为未来社会文化的基础和核心，创新人才将成为决定国家和企业竞争力的关键。

创新的思维是综合素质的核心。知识既不是智慧也不是能力，劳厄的谈话绝不是否定知识，而是强调只有将知识转化为能力，才能成为真正有用的东西。大量的事实表明，古往今来许多成功者既不是那些最勤奋的人，也不是那些知识最渊博的人，而是一些思维敏捷、最具有创新意识的人，他们懂得如何去正确思考，他们最善于利用头脑的力量。

创新首先要有强烈的创新意识和顽强的创新精神。所谓创新意识就是推崇创新、追求创新、以创新为荣的观念和意识。所谓创新精神就是强烈进取的思维。一个人的创新精神主要表现为：首创精神、进取精神、探索精神、顽强精神、献身精神、求是精神。其次，创新还要有创新能力。第三，要创新就必须认同两个基本观点，即创新的普遍性和创新的可开发性。创新的普遍性是指创新能力是人人都具有的一种能力。如果创新能力只有少数人才具有，那么许多创新理论，包括创造学、发明学、成功学等就失去了存在的意义。创新的可开发性是指人的创新能力是可以激发和提升的。将创新潜能转化为显能，这个显能就是具有社会属性的后天的创新能力。潜能转化为显能后，人的创新能力也就有了强、弱之分。通过激发、教育、训练可以使人的创新能力由弱变强，迅速提升。创新思维是创新能力的核心因素，是创新活动的灵魂。开展创新训练的实质就是对创新思维的开发和引导。一个人的创新能力，特别是创新思维能力的强弱，往往能决定他将来的发展前途。

（3）生活中有意识培养创新能力。培养创新能力，没有想像就没有创新。创新的实质是对现实的超越。要实现超越，就要对现实独具"挑剔"与"批判"的眼光，对周围事物善于发现和捕捉其不正确、不完善的地方。古人云："学起于思，思源于疑"。质疑问难是探求知识、发现问题的开始。爱因斯坦曾经说过"提出一个问题比解决一个问题更重要。"在日常生活中经常有意识地观察和思考一些问题，通过这种日常的自我训练，可以提高观察能力和大脑灵活性。

参加培养创新能力的培训班，学习一些创新理论和技法，经常做一做创造学家、创新专家设计的训练题，能收到提高创新思维能力的效果。积极参加创新实践活动，尝试用创造性的方法解决实践中的问题。只有在实践中人类才有了无数的发现、发明和创新。实践又能够检验和发展创新，一些重大的创新目标，往往要经过实践的反复检验，才最终确立和完善。人们越是积极地从事创新实践，就越能积累创新经验，锻炼创新能力，增长创新才干。创新是通过创新者的活动实现的，任何创新思想，只有付诸行动，才能形成创新成果。因此重视实干、重视实践是创新的基本要求。

（4）永远学习是不变的真理。我们必须要终身学习，学习应该是一个习惯，只有不断学习，才能在变化的社会中一直抓住社会中最精华的东西。我们要不断学习，不断总结，不断研究外部环境的变化，不断对自己提出新挑战，紧跟时代的发展。我们要在创新中提升，在提升中创新，在创新中发展，在发展中创新。

综合应用

（1）你如何培养自己的团队精神？

（2）你认为能力和责任哪个更重要？为什么？

第五章　就业的劳动法律保护

学习目标

★ 就业需要具备的劳动法律和法规知识。
★ 就业中享有的劳动权利和义务。
★ 订立劳动合同的重要意义。
★ 劳动合同订立、变更、终止和解除的法律程序。
★ 违反劳动合同的法律责任。
★ 劳动争议和劳动纠纷的法律解决。

《中华人民共和国劳动合同法》自 2008 年 1 月 1 日起施行。作为我国劳动保障法制建设进程中的一个重要里程碑，劳动合同法的颁布实施有着深远的意义。这部重要法律在制定过程中经过广泛听取、认真吸收社会各方面的意见，合理地规范了劳动关系，是民主立法、科学立法的又一典范，为构建与发展和谐稳定的劳动关系提供了法律保障，必将对我国经济社会生活产生深远影响。

劳动合同是在明确劳动合同双方当事人的权利和义务的前提下，重在对劳动者合法权益的保护，被誉为劳动者的"保护伞"，为构建与发展和谐稳定的劳动关系提供法律保障。

第一节　劳动权利你知多少

引例

2007 年，江西某区劳动监察大队受理多起劳动保障方面的举报投诉案件。经调查，这些案件中劳动者与用人单位多未签订劳动合同。令人惊讶的是，其中多数竟是劳动者自己不愿与用人单位签订劳动合同，理由是签订合同会束缚自己的自由，影响自己将来跳槽或接私活。

应该怎样看待劳动者不愿与用人单位签订劳动合同的心态？

不签订劳动合同是利大还是弊大？

一、做明智的劳动者

劳动合同是劳动者与用人单位确立劳动关系、明确双方权利和义务的协议。建立劳动关系应当订立劳动合同。劳动合同对劳动者而言，是保障自己权益的有效武器，一旦与用人单位发生劳动争议，无论是举报投诉还是申请仲裁，没有合同为证会带来很多麻烦。所谓劳动关系，是指在社会过程中劳动者与用人单位之间发生的社会关系。比如，我们应聘到某企业就业，作为劳动者就必须按照企业的要求完成规定的生产任务。而企业也必须为此支付相应的工资报酬，这就是劳动关系。

案例【5-1-1】

2008年1月10日，小王入职时，公司告知他有三个月的试用期，但是没有与小王签订书面的劳动合同。2008年3月15日，公司通知小王，由于他在试用期表现不佳，所以公司决定辞退他。小王觉得很委屈，因为在试用期内他确实努力工作而且自认为表现是很好的。在这种情况下，小王应该怎么办？

分析：

公司应当在1月份之内与小王签订书面的劳动合同。根据《劳动合同法》第十条规定：建立劳动关系，应当订立书面劳动合同。已建立劳动关系，未同时订立书面劳动合同的，应当自用工之日起一个月内订立书面劳动合同。由于公司截止到3月15日，仍然未与小王签订书面的劳动合同，因而违反了上述法律规定，根据《劳动合同法》第八十二条规定：用人单位自用工之日起超过一个月不满一年未与劳动者订立书面劳动合同的，应当向劳动者每月支付两倍的工资。所以公司应当向小王支付2月份的双倍工资。

我国劳动合同法立法宗旨是完善劳动合同制度，明确劳动合同双方当事人的权利和义务，是市场经济体制下用人单位与劳动者进行双向选择，确定劳动关系，明确双方权利和义务的协议，是保护劳动者合法权益的基本依据，同时保护劳动者的合法权益，构建和发展和谐稳定的劳动关系。

目前我国劳动用工中普遍实行劳动合同制度，将劳动合同制度化、法律化，明确劳动合同双方当事人的权利和义务，有利于建立稳定的劳动关系，减少劳动争议的发生，有利于保护劳动者和用人单位的双方的合法权益。因此，劳动合同法从构建和谐社会的大局出发，确立了构建和发展和谐稳定的劳动关系的最终目标。

二、劳动权利伴你左右

（一）平等就业与选择职业的权利

平等就业和选择职业是每个劳动者都拥有的劳动权利，所谓平等就业就是指在劳动就业中实行男女平等及民族平等的原则。招工时不得歧视妇女，不得歧视少数民族的劳动者，男女之间及不同民族之间应一视同仁。在录用职工时，除国家规定的不适合妇女的工种或者岗位外，不得以性别为由拒绝录用妇女或者提高对妇女的录用标准。在劳动和工作的调配方面应根据实际情况，对妇女予以必要的照顾。根据政策等对少数民族应有适当的照顾，在工资方面应贯彻同工同酬的原则。

案例【5-1-2】

王某到某公司应聘填写录用人员情况登记表时，隐瞒了自己曾先后 2 次受行政、刑事处分的事实，与公司签订了 3 年期限的劳动合同。事隔 3 日，该公司收到当地检察院对王某不起诉决定书。经公司进一步调查得知，王某曾因在原单位盗窃电缆受到严重警告处分，又盗窃原单位苫布被查获，因王某认罪态度较好，故不起诉。请问该公司调查之后，以王某隐瞒受过处分，不符合本单位录用条件为由，在试用期内解除了与王某的劳动关系是否合理？

分析：

根据《劳动合同法》的规定，订立劳动合同，应当遵循合法、公平、平等自愿、协商一致、诚实信用的原则。同时，用人单位有权了解劳动者与劳动合同直接相关的基本情况，劳动者应当如实说明。本案中，王某在填写录用人员情况登记表时，隐瞒了自己曾先后 2 次受行政、刑事处分的事实，是一种不诚实，不善意的行为，违背了诚实信用原则。虽然签订合同是双方自愿的，但这种自愿是建立在虚假材料的基础上的，本质上是违背了平等自愿的原则。

（二）取得劳动报酬的权利

取得劳动报酬是每个劳动者都拥有的权利，它是指劳动者有权根据自己的劳动数量和质量及时得到合理的报酬，任何用人单位不得克扣或无故延期支付。

在我国，劳动者取得劳动报酬的分配方式是按劳分配。按劳分配是根据劳动者提供的劳动量给付报酬，多劳多得，少劳少得，不劳不得。

为给予劳动者必要的社会保护，国家实行最低工资保障制度。最低工资是指保障劳动者及其家庭的最低生活需要的工资，其具体标准由各省、自治区及直辖市人民政府规定，报国务院备案。如深圳市 2012 年全日制最低工资标准调整为每月 1500 元（市内）；广州市目前最低工资为 1300 元/月，据有关部门昨日透露，2012 广州最低工资标准很可能还会再度上调，增幅或许超过 13%，有望达到 1470 元/月或者 1500 元。其他各省、市、各地区的最低工资标准见当地的有关文件。

案例【5-1-3】

张悦到一家中外合资电子企业上班，进厂时未提出与厂方订立劳动合同。但与厂方口头约定，用工试用期为 6 个月，期满后视情况再定工作岗位。第一个月张悦领到工资 500 元，其他员工们告诉他，当地最低工资标准为 780 元，厂里支付给张悦的工资太低。张悦找到厂长询问，厂长解释说试用期属于不熟练劳动期，工资可以低于最低工资标准，张悦该怎么办？

张悦所在单位的做法是错误的，用人单位支付试用期的劳动者工资不得低于最低工资标准。张悦要求企业支付不低于本市最低工资标准的工资，企业不得以任何理由予以拒绝。

（三）休息休假的权利

休息日是我国宪法规定的公民权利，这一权利的重要意义在于能够保证劳动者的身体和精神上的疲劳得以解除，借以恢复劳动能力。

我国实行每日工作 8 小时，平均每周工作 40 小时的工作制度。

在一般情况下，在法定的节假日期间，用人单位应当按照国家规定的休假天数安排劳动者休假，而不能任意组织加班。用人单位由于生产经营需要，经与工会和劳动者协商后可以延长工作时间，一般每日不得超过 1 小时；因特殊原因需要延长工作时间的，在保障劳动者身体健康的条件下延长工作时间每日不得超过 3 小时，但是每月不得超过 36 小时。

用人单位在符合法律规定的条件下延长劳动者的工作时间，必须向劳动者支付报酬，而且要支付高于劳动者正常工作时间的工资报酬。

有下列情形之一的，用人单位应当按照下列标准支付高于劳动者正常工作时间工资的工资报酬：

（1）安排劳动者延长工作时间的，支付不低于工资的 150%的工资报酬。

（2）休息日安排劳动者工作又不能安排补休的，支付不低于工资的 200%的工资报酬。

（3）法定休假日安排劳动者工作的，支付不低于工资的 300%的工资报酬。

此外，我国还实行带薪年休假制度。劳动者连续工作一年以上的，享受带薪年休假。

案例【5-1-4】

某服装公司因为赶订单安排职工在十一节日期间加班，李珊等加班职工提出应当支付 300%的加班工资。该公司劳资部经理只同意给加班职工安排补休，不同意支付加班工资。李珊为此向当地劳动保障局劳动保障监察大队举报，请求纠正该公司的错误行为，维护自己的权益。

劳动保障监察大队接到李珊的举报后，经调查取证，查明该公司安排职工法定休假日加班后以已安排补休为由未支付加班工资，违反了《劳动法》，责令该公司限期改正。该公司在劳动保障监察大队规定的期限内补发了李珊等职工的加班工资。

（四）获得劳动安全和卫生保护的权利

获得劳动安全和卫生保护是每个劳动者都拥有的劳动权利，在劳动生产过程中存在各种不安全和不卫生因素。如不采取措施加以保护，就会危害劳动者的生命安全和身体健康，甚至妨碍生产的正常进行。劳动者有权要求改善劳动条件和加强劳动保护，保证在生产过程中能够安全和健康。

劳动者在劳动过程中必须严格遵守安全操作规程，对用人单位管理人员违章指挥及强令冒险作业等有权拒绝执行；对危害生命安全和身体健康的行为有权提出批评、检举和控告。从事特种作业的劳动者必须经过专门培训并取得特种作业资格。

（五）接受职业技能培训的权利

职业技术培训是为了培养和提高人们从事各种职业所需的技术业务知识和实际操作技能而进行的教育和训练，劳动者有权要求接受这种教育和训练。

职业培训是国民教育体系的一个重要组成部分，用人单位应当建立职业培训制度，按照国家规定提取和使用职业培训经费。根据本单位实际，有规划地对劳动者进行培训。从事技术工种的劳动者，上岗前必须经过培训。

（六）享受社会保险福利的权利

享受社会保险福利是每个劳动者都拥有的劳动权利，我国宪法明确规定："中华人民共和国公民在年老、疾病或者丧失劳动能力的情况下，有从国家和社会获得物质帮助的权利"。劳动者享受的社会保险和福利权也就是劳动者享受的物质帮助权。

用人单位和劳动者必须依法参加社会保险，缴纳社会保险费。国家鼓励用人单位根据本单位实际情况为劳动者建立补充保险，提倡劳动者个人进行储蓄性保险。将基本保险、补充保险和储蓄性保险相结合，使劳动者享受的社会保险待遇得到切实保障。

案例【5-1-5】

2006年2月，劳动保障监察部门接到劳动者举报，称上海益而益电器制造有限公司使用外来从业人员不缴综合保险费。劳动保障监察部门随即对该单位实施监察，经查该公司是一个生产电器和机电产品的企业，公司共有外来从业人员570多名。但是公司只为其中的45名管理人员和业务骨干缴纳了综合保险费，漏缴了500多名外来从业人员的综合保险费。劳动保障监察部门当即责令单位限期改正，为这些外来从业人员补缴综合保险费。目前，该单位已全部改正，补缴综合保险费38万多元。

（七）提请劳动争议处理的权利

劳动争议是指企业、事业组织、国家机关、社会团体、个体经济组织和与之形成劳动关系的劳动者之间，因劳动引起的权利义务关系而发生的纠纷。劳动争议涉及劳动者的健康安全、工作和生活的各个方面，关系到劳动者的切身利益。因此一旦劳动争议出现，劳动者就有权请求处理。

用人单位与劳动者发生劳动争议，当事人可以依法申请调解、仲裁并提起诉讼，也可以协商解决。解决劳动争议应当根据合法、公正和及时处理的原则，依法维护劳动争议当事人的合法权益。

（八）劳动者在劳动关系中的义务

劳动者在享受上述各项劳动权利的同时，还应当履行相应的劳动义务。劳动者应当完成规定的劳动任务，只有完成规定的劳动任务，才能得到相应的报酬。劳动者应当自觉地接受训练，并学习业务技术，提高职业技能，以适应现代化生产的需要。为了劳动者的自身安全和健康，劳动者还应当自觉严格执行劳动安全规程和规则。此外，劳动者还应当自觉遵守劳动纪律和职业道德，并履行法律规定的其他义务。

我国劳动者的劳动权利和劳动义务是平等和一致的,劳动者平等享受劳动法规定的权利,同时平等地承担劳动法规定的义务。劳动者不能只享受权利,不尽义务。也不应只尽义务,不享受权利。

综合应用

（1）同学秦祖汉因家庭困难到当地某公司打暑假工,公司给他一个月的试工期,试工期不算工资。试工期过后实行计时工资,以 2.5 元/小时支付秦祖汉的劳动报酬（当地的最低工资标准为 435 元/月）。请问：公司的做法合法吗？为什么？

（2）某公司因订单多,外商催货急,10 月 1 日—10 月 7 日不放假,安排员工加班。之后公司不支付员工加班费,而是提出让员工在淡季时补休。请问：公司这样做合法吗？如果你是人事经理,应如何合法处理？

第二节　带好你的法律盾牌

引例

1997 年,小孙来到北京的一家建筑公司打工,并签订了一年的劳动合同。公司领导当场承诺,一年内若无缺勤,好好干,年终还有 5 000 元的奖金。5 000 元不是个小数目,小孙喜出望外,决心一定不与这笔奖金失之交臂。此后,小孙干活儿勤勤恳恳、任劳任怨。一年中不但保持了全勤记录,而且还多次受到公司的表扬。结账时,公司按照合同付清了他的工资,却矢口否认奖金的事情。小孙连呼上当,气愤之余,将公司告到了海淀区劳动争议仲裁委员会。

由于没有证据,公司又不承认当时的口头承诺,因此小孙的权益无法受到劳动法有关条款的保护。原本以为自己肯定能打赢官司的小孙败诉了,不但没有要到应得的奖金,反要承担 200 元的仲裁费。

公司不讲诚信固然可恶,但劳动者要有效地维护自己的劳动权益,必须与用人单位通过劳动合同来依法维权。

一、劳动合同的订立

（一）劳动合同的概念

根据《劳动法》第 16 条的规定,劳动合同是指劳动者与用人单位确立劳动关系,明确双方权利和义务的协议。

劳动合同依法订立即具有法律约束力,当事人必须履行劳动合同规定的义务。

（二）劳动合同的形式

1. 有效劳动合同

（1） 有固定期限的劳动合同：这种合同是指双方当事人订立的合同中对劳动合同履行的起始时间和终止时间有具体明确的规定。劳动合同期限届满，双方的劳动关系即告终止。

（2） 无固定期限的劳动合同：这种合同又称不定期或没有一定期限的劳动合同，指劳动合同当事人双方订立的劳动合同没有规定具体明确的有效时间。订立无固定期限的劳动合同，只要不出现双方约定的解除劳动合同的条件，劳动合同关系就可以一直维持下去，用人单位和劳动者不能无故解除劳动合同。

（3） 以完成一定的工作为期限的劳动合同：这种合同是指双方当事人把完成一项工作或工程作为确定劳动合同起始和终止的期限。该项工作或工程开始的时间，就是劳动合同履行的起始时间；该项工作或工程一旦完成，也意味着劳动合同的终止。

2. 无效劳动合同

无效劳动合同是指不具有法律效力的劳动合同，其具体表现形式在《劳动法》第18条中做了明确规定，一是违反法律及行政法规的劳动合同；二是采取欺诈及威胁等手段订立的劳动合同。除了上述两方面的规定以外，《劳动法》第19条规定，劳动合同应当以书面形式订立，以口头协议的形式订立的劳动合同属于无效劳动合同。

（三） 劳动合同的内容

劳动合同的内容是指劳动合同中包含的具体条款，这些条款分为必备条款和补充条款。

1. 必备条款

（1） 劳动合同期限。

劳动合同期限是指劳动合同的有效时间，是双方当事人所订立的劳动合同起始时间和终止时间，即劳动关系具有法律效力的时间。

（2） 工作内容。

工作内容包括劳动者从事劳动的工种、岗位，以及应该完成的生产（工作）任务及工作班次等。

（3） 劳动保护和劳动条件。

即用人单位应当为劳动者提供的劳动保护措施和劳动条件，主要包括劳动安全和卫生规程、工作时间和休息休假等内容。

（4） 劳动报酬。

主要包括工资、奖金、津贴和补贴等内容。

（5） 劳动纪律。

劳动纪律是劳动者在生产（工作）过程中必须遵守的工作秩序和劳动规则。

（6） 劳动合同终止的条件。

劳动合同中约定的合同终止条件是指除法律、法规规定的合同终止条件以外，当事人双方自己协商确定的终止合同效力的条件。

（7）违反劳动合同的责任。

违反劳动合同的责任是指当事人由于自己的过错而造成劳动合同的不履行，或不适当履行所应当承担的责任。除法律法规有明确的规定外，当事人还可以在劳动合同中就如何承担违反劳动合同的责任做出具体约定。

2. 补充条款

补充条款又称为"可备条款"，是双方当事人通过协商订立的条款，补充条款的内容如下。

（1）试用期条款。

试用期条款是劳动合同中的常见条款，法律对试用期有较明确的规定。如试用期应当包含在劳动期内，并应当参加社会保险，以及试用期最长不得超过 6 个月等。其中合同期在 1 年以上，2 年以内的，试用期不得超过 60 日；合同期在 6 个月以上，1 年以下的，试用期不得超过 30 日；合同期在 6 个月以下的，试用期不得超过 15 日等。

（2）保守商业秘密条款。

约定这一条款的目的在于保护用人单位的经济利益，目前越来越多的用人单位开始重视商业秘密的保护，在录用一些关键岗位的人员时均要求签订相应的保密条款。这对劳动者而言，不仅加重了义务，还限制了自己今后的择业自由和发展空间。并且劳动者一旦违反，不仅涉及劳动法上的责任，还可能要承担民法及刑法上的相应责任。因此劳动者在签署此类劳动合同的过程中，一定要慎重审查保密条款，明确保密主体、保密范围、保密周期和泄密责任等关键内容。

（四）劳动合同订立的原则

1. 平等自愿的原则

平等是指订立劳动合同的双方当事人具有相同的法律地位；自愿是指劳动合同的订立完全是出自双方当事人自己真实意愿，是在充分表达各自意见的基础上，经过平等协商而达成的协议。

2. 协商一致的原则

协商一致是指劳动合同的内容必须由当事人双方在法律、法规允许的范围共同协商讨论，取得完全一致后确定，这条原则的重点在一致。

3. 合法的原则

合法是指劳动合同的当事人主体资格、合同内容和签订合同的程序均不得违反国家的强制性规定。劳动合同只有依法制定，才能产生预期的法律效力；否则即使双方在平等自愿的基础之上并对劳动合同的内容协商一致，也不能产生法律约束力。

（五）订立劳动合同的程序

劳动合同的签订程序是指订立劳动合同必须履行的法律手续，我国劳动法对劳动合同的订立程序没有明确规定。

按照一般合同的规定，一份合同的订立要经过要约和承诺两个阶段。此外，劳动合同书应当由用人单位法定代表人或其委托代理人与劳动者签字、盖章，并注明签订日期。合同一式两份，由用人单位和劳动者各执一份。

二、劳动合同的变更、终止和解除

（一）劳动合同的变更

劳动合同的变更是指劳动合同的双方当事人就已订立劳动合同条款进行修改、补充的法律行为。

（二）劳动合同的终止

劳动合同的终止是指符合法律规定或当事人约定的劳动合同终止条件出现，劳动合同的效力即告终止。终止的条件和原因有以下几种。

(1) 合同期限已满。
(2) 合同目的已经实现。
(3) 合同约定的终止条件出现。
(4) 当事人死亡。
(5) 劳动者退休。
(6) 企业不复存在。

（三）劳动合同的解除

劳动合同的解除是指劳动合同期限届满之前由双方当事人提供终止的劳动合同的法律效力并解除双方的权利义务关系法律行为，其中包括法定解除和协商解除两种情况。法定解除是指出现国家法律、法规或合同约定的可以解除劳动合同的情况时，不需要双方当事人一致同意，合同效力即可自然提前结束；协商解除是指当事人双方因某种原因，在协商一致的情况下提前结束双方劳动关系的法律行为。

1. 劳动者解除劳动合同的条件

劳动者解除劳动合同，应当提前 30 日以书面形式通知用人单位，这是劳动者解除劳动合同的条件和程序。

(1) 属于下列情形之一的，劳动者可以随时通知用人单位解除劳动合同。在试用期内的，用人单位以暴力、威胁或者非法限制人身自由的手段强迫劳动的；用人单位未按照劳动合同约定支付劳动报酬或者提供劳动条件的。

(2) 由劳动者本人提出解除劳动合同要求的，用人单位可以不支付经济补偿金。

(3) 如果劳动者违反规定或者劳动合同的约定解除劳动合同，对用人单位造成损失的，应根据《违反〈劳动法〉》有关劳动合同规定的赔偿办法》的规定，赔偿用人单位损失。

2. 用人单位解除劳动合同的条件

根据《劳动法》的规定，属于以下四种情况之一，用人单位可以随时解除劳动合同。

(1) 《劳动法》第 24 条规定，经劳动合同当事人协商一致，劳动合同可以解除。

(2) 《劳动法》第 25 条规定，劳动者有下列情形之一的，用人单位可以解除劳动合同：在试用期被证明不符合录用条件的；严重违反劳动纪律或者用人单位规章制度的；严重失职，营私舞弊，对用人单位利益造成重大损害的；被依法追究刑事责任的。

（3）《劳动法》第26条规定，有下列情形之一的，用人单位可以解除劳动合同，但是应当提前30日以书面形式通知劳动者本人：劳动者患病或者非因工负伤，医疗期满后，不能从事原工作，也不能从事用人单位另行安排工作的；劳动者不能胜任工作，经过培训或者调整工作岗位，仍不能胜任工作的；劳动合同订立时所依据的客观情况发生重大变化，致使原劳动合同无法履行，经当事人协商不能变更劳动合同达成协议的。

（4）《劳动法》第27条规定，用人单位濒临破产进行法定整顿期间或者生产经营情况发生严重困难，确需裁减人员的，应当提前30日向工会或者全体职工说明情况，听取工会或者职工的意见。经向劳动行政部门报告后，可以裁减人员，即解除劳动合同。

另外，《劳动法》还规定了用人单位禁止解除劳动合同的几种情况，如患职业病或者因工负伤并被确认丧失或者部分丧失劳动能力的；患病或者负伤，在规定的医疗期内的；女职工在孕期、产期及哺乳期内的；法律和行政法规规定的其他情况。

《劳动法》第30条规定：用人单位解除劳动合同，工会认为不适当的，有权提出意见。如果用人单位违反法律、法规规定或者劳动合同，工会有权要求重新处理；劳动者申请仲裁或者提起诉讼的，工会应当依法给予支持和帮助。

用人单位依据《劳动法》第24条、第26条、第27条的规定解除劳动合同，应当按照原劳动部《违反和解除劳动合同的经济补偿办法》的规定给予劳动者经济补偿金。经济补偿按照劳动者在本单位工作的年限，每满一年支付一个月工资的标准向劳动者支付。不满一年的按一年计算；劳动者月工资高于用人单位所在直辖市、设区的市上年度职工月平均工资三倍的，向其支付经济补偿的标准按职工月平均工资三倍的数额支付，支付经济补偿的年限最高不超过十二年（月工资是指劳动者在劳动合同解除或者终止前十二个月的平均工资）。

案例【5-2-1】

王娜于2002年3月20日到东方餐饮娱乐公司工作，2003年3月20日签订了为期一年的劳动合同，王娜的月工资为1 500元。2003年4月27日东方餐饮娱乐公司调动王娜到另一市某餐饮娱乐公司工作，但该餐饮娱乐公司不接收王娜的工作调动。2003年4月30日东方餐饮娱乐公司以因"非典"时期公司内部调整精简人员予以劝退为由，解除了王娜的劳动关系。

王娜向劳动保障监察机构反映此事，劳动保障监察机构经调查属实。仲裁结果如下：东方餐饮娱乐公司支付王娜两个月的经济补偿金，计3 400元，仲裁费由公司负责。

在劳动者履行了有关义务终止并解除劳动合同时，用人单位应当出具终止并解除劳动合同证明书，以及为该劳动者出具按规定享受失业保险待遇和失业登记、求职登记的凭证。证明书应明写劳动合同期限、终止或解决的日期，以及所担任的工作。如果劳动者要求，用人单位可在证明中客观地说明解除劳动合同的原因。职工劳动合同期限届满，终止劳动合同后符合退休条件的，可以办理退休手续，领取养老保险金；不符合退休条件，应当到就业服务机构进行失业登记，按规定领取失业救济金。

三、违反劳动合同的法律责任

（一）用人单位的法律责任

用人单位违反劳动合同，对劳动者造成损害的，应依法承担下列法律责任。

（1）造成劳动者工资收入损失的，除按劳动者本人应得工资收入支付给劳动者外，还应加付劳动者应得工资收入一定比例的赔偿费用。

（2）造成劳动者保护待遇损失的，应按国家有关规定补足劳动者的劳动保护津贴和用品。

（3）造成劳动者工伤及医疗待遇损失的，除按国家有关规定为劳动者提供工伤及医疗待遇外，还应支付劳动者医疗费用一定比例的赔偿金。

（4）造成女职工和未成年工身体健康损害的，除按国家有关规定提供治疗期间的医疗待遇外，还应支付其医疗费用一定比例的赔偿金。

（5）对严重违反劳动合同造成事故，使劳动者生命及财产受到损失的，还应依法追究用人单位责任人的行政责任；触犯刑律的，由司法机关依法追究其刑事责任。

此外，用人单位聘用尚未解除劳动合同的劳动者，给原用人单位造成经济损失的，该用人单位应当依法承担连带赔偿责任，其连带赔偿的份额应不低于对原用人单位造成经济损失总额的70%。

（二）劳动者的法律责任

劳动者违反劳动合同，应当依法承担相应的法律责任。

（1）劳动者违反劳动合同，给用人单位造成经济损失的，应承担相应的赔偿责任。

（2）劳动者违反规定或劳动合同的约定解除劳动合同，对用人单位造成损失，劳动者应赔偿用人单位下列损失：招收录用其所支付费用；为其支付的培训费用；对生产、经营和工作造成的直接经济损失；劳动合同约定的其他赔偿费用。

（3）劳动者违反劳动合同中约定的保密责任，对用人单位造成经济损失的，按《反不正当竞争法》有关规定支付用人单位赔偿费用。

案例【5-2-2】

一度为社会广泛关注的上海沪科公司王志骏等三人涉嫌侵犯深圳华为公司光网络产品商业秘密一案，终于有了结果。深圳南山区人民法院一审以侵犯商业秘密罪判处王志骏等三人有期徒刑，并处罚金。

2001年7月本案的三名被告分别从深圳华为公司辞职，当年11月在上海联合创办了上海沪科公司。其主业为制造光传输设备，并先后从深圳华为公司挖走研发人员20余人。深圳南山区人民法院认为，三人均违反了其与深圳华为公司签订的保密协议，给深圳华为公司造成了重大经济损失，已构成侵犯商业秘密罪。

（三）劳动争议的处理

劳动争议，又称"劳动纠纷"，是指劳动关系双方当事人之间因实现劳动权利和履行劳动义务产生分歧而引起的争议，一般可以分为个人劳动争议、团体劳动争议和集体合同争议。

根据我国《劳动法》和规定，劳动争议处理的基本形式有以下四种：即向企业劳动争议调解委员会申请调解，向当地劳动争议仲裁委员会申请仲裁，向人民法院提起诉讼，以及当事人自行协商解决。

1. 劳动争议的调解

劳动争议发生后，当事人可以向本单位劳动争议调解委员会申请调解。劳动争议调解机构是劳动争议调解委员会，它是依法成立的调解本单位劳动争议的群众性组织。

劳动争议发生后，当事人双方愿意调解的，可以书面形式或口头形式向调解委员会提出调解申请。调解委员会接到申请后，依据自愿、合法的原则进行调解。

调解委员会应当在当事人申请调解之日起30日内结束调解。调解达成协议的，制作调解书，双方按照调解协议自觉履行；若在30日内没有结束调解，视为调解不成，当事人可以向当地劳动争议仲裁委员会申请仲裁。

调解不是劳动争议解决的必经程序，调解协议也没有要求双方当事人必须履行的法律效力。当事人若不愿调解或调解未成，可直接向劳动争议仲裁委员会申请仲裁。

2. 劳动争议的仲裁

劳动争议仲裁是指劳动争议仲裁委员会对申请仲裁的劳动争议案件依法进行裁决活动。

（1）仲裁程序。

劳动争议仲裁程序一般按以下三个步骤进行，即当事人申请、仲裁案件受理及仲裁开庭审理。

仲裁裁决一般应在收到仲裁申请的60日内做出，对仲裁裁决无异议的，当事人必须履行。如果案情复杂需要延期的，经仲裁委员会批准，可以适当延长，但不能超过30日。

案例【5-2-3】

29岁的冯霞在1992年10月进入宝安西乡一家电子厂工作，并于2001年12月辞职离厂。2002年4月，冯霞以厂方超时加班及克扣加班费为由，向宝安区劳动争议仲裁委员会提出劳动仲裁请求，要求判令厂方支付其经济补偿金15 570元人民币，并同时支付其2001年3月~9月的加班工资13 494元。2002年4月26日，劳动仲裁庭作出裁定，鉴于冯未提供充分证据，且支付加班费的请求已超仲裁时效，驳回冯霞的全部请求。虽然冯霞手中掌握了工厂让其超时加班的有力证据，可是因为支付加班工资的请求已过法定时效，法院对此不予以支持。法律界人士告诫打工者，提请劳动仲裁请求一定要及时。

（2）仲裁案件的特别审理。

仲裁案件的特别审理是指发生职工一方在30人以上的集体劳动争议案件时，劳动争议仲裁委员会组成特别仲裁进行审理。特别仲裁处理集体劳动争议案件，自组成仲裁之日起15日内结案。案情复杂的可以延长，但延长期不得超过15日，特别仲裁庭要将处理结果及时向当地人民政府报告。

（3）仲裁文书的送达。

劳动争议仲裁委员会送达的仲裁文书要直接送交受送达人，本人不在，则交其同住成年亲属签收。

（4）仲裁费用。

劳动争议仲裁委员会处理劳动争议案件，实行适当收取仲裁费的制度。仲裁费分为案件受理费和案件处理费两种，案件受理费按照国家有关规定收取的交纳，由申诉人在仲裁委员会决定立案时预付；案件处理费包括差旅费、勘验费、鉴定费、证人误工误餐费及文书表册印制费等，由当事人双方在收到案件受理通知书和申诉书副本后5日内预付。

3. 劳动争议的起诉

劳动争议的起诉是指发生劳动争议的当事人经过申请仲裁，对仲裁裁决不服而向人民法院提起诉讼的请求，由人民法院按照司法审判程序对案件进行审理。

综合应用

（1）杨艳20岁时在2004年8月经过了为期一年半的专业培训，并于同年12月被某厂招收为员工。双方签订了为期5年的劳动合同，并规定杨艳"在3年学徒期内不准结婚"。2006年5月15日，杨艳向企业提出要求结婚的申请。企业认为杨艳参加工作刚满2年零4个月，学徒期未满，婚后会影响其工作学习，遂答复杨艳不能结婚。并告知杨艳，如果违反劳动合同规定，企业将延长其学徒期。请问：该企业的做法是否合法？为什么？

第三节　创业案例——进取女教师创新幼教之路

韦　丹

女，2008级学前教育专业毕业生
班主任：伍燕虹老师
创办宾阳县露圩镇广场幼儿园

　　韦　丹，2011年7月毕业于南宁四职校学前教育专业。她在校期间遵守学校规章制度，积极向上，性格温和。担任班级干部、校学生会干部、校播音员，各方面表现优秀。曾获学习积极分子、优秀学生会干部、优秀播音员、2009年南宁市中等职业学校演讲比赛一等奖、2010年南宁市第十二届中小学生艺术节比赛器乐组葫芦丝第一名、普通话测试二级甲等。

　　毕业当年，她凭着扎实的基本功来到了南宁市第一幼儿园澳华分园工作，在工作期间，严格要求自己，虚心向有经验的老师请教，不断创新学习、积累经验，

仅半年的时间，用自己的实际行动赢得园内领导的认可，取得家长的信任，孩子的喜爱。在幼儿园组织的"幼儿心理活动辅导"公开课比赛中，取得二等奖的好成绩，凭着自己的特长，还开展了"葫芦丝"兴趣班。2012年8月，来到南宁市直属机关保育院仙葫分园工作一年半，曾多次被评为"我最喜爱的老师"、"先进工作者"、"优秀指导老师"等。

  2014年3月，喜欢挑战、具有进取心的她，选择了回到乡镇的幼儿园，本着改变幼儿园"小学化"的目标去到公办小学的附属幼儿园工作半年，用自己积累的经验带给其他老师先进的教育理念和教学方法。以对幼教事业的执着追求，以及对幼儿发自内心的喜爱，为闯出一条自主发展的幼教之路，她于2014年7月和同学苏东梅在宾阳县露圩镇城北开发小区广场大道创办"露圩镇广场幼儿园"。该园真正做到让孩子在游戏中学习，在学习中游戏。认真规范教育教学工作和一日常规的管理。加强教师业务工作学习和检查，使园内教师在备课、日常教学活动、户外活动、特色教育、家长工作等方面形成良好的秩序。教育教学上，她保持全新的教育理念，并力求创新，将教育目标和家长的要求巧妙融合，倡导科研兴园，开展丰富多彩的的教研活动。办园至今，取得了非常好的成绩，成功取得了"民办幼儿园许可证"和"合格证"。每年在镇中心学校举办的"六一"文艺汇演，得到广大群众的好评，她多次在镇上举办的科研活动和培训大会上担任讲师，成为露圩镇幼教事业的带头人。她对工作充满了热情与责任感。"踏踏实实做人，认认真真做事"是她信奉的格言及做事的准则。她坚信，只要不断努力，她的幼教之路会越走越好、越走越远。

第六章 创业与创业教育

学习目标

★ 了解当前我国的创业现状及主要特点。
★ 了解创业成功的心法。
★ 了解创业者必备素质及创业前准备和演练。
★ 准确进行创业的目标定位，了解如何发现创业机会，如何把握创业机会，如何运作创业项目，做好风险的应对准备。

你是否想自己创业？你是否还在犹豫？担心钱不够多，个性不够开朗，或者学历不够高，年龄不适合等。诸如此类的疑虑，只能说明你对自己缺乏信心。其实，创业者都是一群普通人，唯一的区别，是他们不仅拥有梦想，更有将梦想付诸实践的行动。财富无处不在，但只有行动才能成就梦想。

第一节 我国的创业现状

引例

史玉柱从1989年4 000元起家，到1992年成立巨人高科技集团。1989年在深圳开发M-6401桌面排版印刷系统，史玉柱的身上只剩下4 000元钱，他却向《计算机世界》定下了一个8 400元的广告版面，唯一要求就是先刊广告后付钱。他的期限只有15天，前12天他分文未进。第13天他收到了3笔汇款，总共是15 820元。两个月以后，他赚到了10万元又全部投入做广告。4个月后，史玉柱成为了百万富翁。这段故事如今为人们津津乐道，但是想一想，要是当时15天过去，史玉柱收来的钱不够付广告费呢？要是之后《计算机世界》再在报纸上发一个向史玉柱的讨债声明呢？我们大概永远也不会看到一个轰轰烈烈的史玉柱了。

一、我国当前创业活动的现状

随着社会主义市场经济体制的逐步建立，我国的创业活动日趋活跃，创业环境正在不断改善。据调查，我国全员创业活动指数为11.6%，即100位年龄在18岁～64岁的成年人中，有11.6个人参与了创业活动。

二、我国创业活动的特点

（1）全国个体工商户、私营企业保持平稳增长。截至2011年底，全国工商系统共登记私营企业 967.68 万户，比 2010 年底增加 122.16 万户，增长 14.45%；注册资本（金）25.79 万亿元，比 2010 年底增加 6.58 万亿元，增长 34.27%；从业人员 1.04 亿人，比 2010 年底增加 936.04 万人，增长 9.94%。

全国个体工商户 3756.47 万户，比 2010 年底增加 303.58 万户，增长 8.79%；资金 1.62 万亿元，比 2010 年底增加 0.28 万亿元，增长 20.84%；从业人员 7945.28 万人，比 2010 年底增加 937.71 万人，增长 13.38%。

全国工商行政管理机关共登记港澳居民个体工商户 5182 户，比 2010 年底增长 10.11%；从业人员 13924 人，比 2010 年底增长 9.77%；资金数额 4.13 亿元，比 2010 年底增长 28.26%。共登记台湾农民个体工商户 412 户，比 2010 年底增长 44.56%；从业人员 1468 人，比 2010 年底增长 51.65%；资金数额 1.28 亿元，比 2010 年底增长 89.14%。

全国农民专业合作社 52.17 万户，比 2010 年底增加 14.26 万户，增长 37.62%；出资总额 0.72 万亿元，比 2010 年底增加 0.27 万亿元，增长 60%；成员总数 1196.43 万人，比 2010 年底增加 480.86 万人，增长 67.2%。

立足职能，服务民生，大力推进以创业带动就业，积极做好服务就业再就业工作。鼓励和支持劳动者自主创业和自谋职业，落实各项政策措施，营造良好创业环境。发挥个自社会作用，加强对各类人员就业再创业的指导和服务，切实帮助下岗失业人员、高校毕业生提高就业再创业能力。做好农民工职业技能培训，鼓励就近就地就业和返乡创业，据统计，2011 年个体私营经济领域共吸纳 63.31 万下岗失业人员就业，有 1.8 万高校毕业生申办个体工商户，有 1.08 万高校毕业生申办私营企业。

（2）从创业的行业分布看，主要集中在消费服务业、制造业和企业服务业，远远超过理发美容、日用品维修和娱乐服务业等传统服务业的开业数量。

（3）在创业行为的类型中，以生存型创业为主导。

（4）从创业人员的构成来看，年龄趋降，文化水平提高。

（5）从区域看，创业活动活跃的地区也是经济发展较快的地区。

第二节 创业从心开始

引例

蒋文珍来到北京打工，本来有一份相对不错的工作，但她想自己创业。在帮别人卖玩具时，发现小学生喜欢橡皮泥，决定卖橡皮泥，由于资金不足，先摆地摊。一年不到出现问题，买的人越来越少。原来橡皮泥可塑性差，易变形，且无收藏价值。这时一个批发商提供一条信息。他说现在的学生喜欢一种叫沙画的东西。蒋文珍进了 1000 张沙画销售。刚开始，由于新鲜生意特别火。但后来竞争激烈。批发商提高批发价，靠卖沙画几乎赚不到钱。但一件生活中的小事改变了她的被动局面。有一次她洗衣服，晾干了以后发现口袋有一块很硬的东西，一看，是卫生纸。受这一启发，蒋文珍找到了可以代替橡皮泥并且成本很低的材料，即把橡皮和胶水融合。现在蒋文珍将她的生意做进了小学的手工课堂，通过代理商又把彩泥画销到韩国、新加坡。

我相信不少人在洗衣服时，都有忘了把口袋的卫生纸忘了拿出来的经历，为什么只有蒋文珍受到启发而发明了彩泥画？

创业是什么？创业是不畏前进道路上的艰难险阻，克服达到目标所必须面对的种种困难，全力开创前人所没有的事业。创业是最好的就业，是实现人生价值的最佳途径。创业是一种自我实现，是追逐自己理想的职场实现。有人很想创业，可资金，技术，市场欠缺，加上人脉稀少，害怕失败，迟迟不敢创业，电影《食神》里面，最著名的名言就是："只要用心，人人都可以是食神。"创业也是如此，只要用心，就能立于不败之地，让我们从心始吧！

一、创业成功的心法

1. 创业动机—成功的不二法门

创业的时候，静下心来，扪心自问，自己的创业目的是什么？抱什么创业态度？必须诚实地回答，千万不能自己骗自己。创业的目的是为了实现酝酿已久的人生理想，干自己喜欢的事业，只要我们诚实面对自己，就会找到让自己乐此不疲的事业。他们的内心深处有个声音呼唤着"这就是我的工作，这就是我的生活。"

甚至工作就是他们娱乐的一部分，是他们值得做一辈子的工作，哪怕赔上性命也值得。比尔·盖茨成为富可敌国的超级富豪后，每天仍然工作达12小时以上，乐此不疲的原因是计算机软件开发与研究是他最大的乐趣。

2. 信心十足—相信自己的力量

自信是所有成功人士必备的素质之一，要想创业成功，首先必须建立起自信心。自信虽然不能寻求外界的支持，但为了不被外人泼冷水熄灭创业的火苗，成功的创业者都会尽量维持自己的动力，接近乐观的人，靠近成功的人士，让自己处于有利的环境，保持自己的创业激情。自信来自哪里？来自"天生我才必有用"的豪迈，来自创业的能力。与生俱来的天赋，不是我们的讨论范围，因为天赋无法改变，那么这里讲的创业能力是可以训练出来的，后天形成的。创业能力包括以下方面内容。

第一，是看透需求与企业利润所在的能力。

怎么训练自己具备这项能力，最简单的方法就是练习写创业企划书。写企划书的目的是说服自己或别人的投资。在企划书里具备市场分析，项目优势，你充当什么样的角色，从哪里开始你的事业，用什么方式赚钱，有多少投资回报率，商机是否存在等。

第二，是精确地分工规划能力。

这项能力训练方法是写企业计划书。把工作分门类别，按照工作的前后顺序安排好，编排出工作流程，反复推敲看看有没有能够改进的地方，尤其是能够省钱或增加效率部分。

第三，是成本化能力。

这项能力的训练是学会分析和定价。了解成本的结构，根据变动的幅度，分为固定成本和浮动成本。

第四，整合资源的能力。

这项能力的训练方法是对你从事的产业环境深入了解，留意延伸市场或还未成熟的市场。

第五，训练人的能力。

即是训练员工，训练人才。唯有人才足够多，才有机会让自己的事业更上一层楼。

3. 决心——孤注一掷地执行

许多人完全知道要成功他们必须做什么，但迟迟不愿意采取正确的行动。成功的秘密是这样的：不要只是采取行动，而是要"采取正确的行动！"如果你已经有了创业的条件，发现了创业的机遇，还犹豫什么，赶快行动，全身心地投入到创业中去。

二、动机不纯创业难成功

根据有关资料统计，初次创业成功率不到 18%。失败的原因各不相同，但有一点是相同的，那就是创业动机不纯，创业动力不足，造成所开创的事业难以为继，甚至失败告终。错误的创业观念有：

（1）羡慕一掷千金的老板派头而创业。
（2）喜欢自由自在的生活而创业。
（3）当家作主，不受别人的剥削而创业。
（4）升职无望，就业环境不好而创业。
（5）见同学朋友辞职创业获得成功，自己心生羡慕，而辞职创业。
（6）跟风创业。
（7）急功近利，希望一夜暴富。
（8）赌徒式创业。
（9）对老板不满，创办与公司一样的企业与之竞争。

第三节　创业准备

一、创业者必备的素质

（一）欲望

"欲"，实际上就是一种生活目标，一种人生理想。创业者的欲望与普通人的欲望不同之处在于，他们的欲望往往超出其现实。需要突破现在的立足点，打破眼前的樊笼，才能够实现。所以创业者的欲望往往伴随着行动力和牺牲精神，这不是普通人能够做到的。因为欲望，而不甘心，而创业，而行动，而成功，这是大多数白手起家的创业者走过的共同道路。

（二）忍耐

"艰难困苦，玉汝于成"这句成语很贴切地说明创业的不易，不易在哪里呢？要忍受肉体上和精神上的折磨。对创业来说，肉体上的折磨算不得什么，精神上的折磨才是致命的。如果有心自己创业，一定要先在心里问一问自己，面对从肉体到精神上的全面折磨，你有没有那种宠辱不惊的"定力"与"精神"。如果没有，那么一定要谨慎行事。对一般人来说，忍耐是一种美德；对创业者来说，忍耐是必须具备的品格。

（三）眼界

如果你是一个创业者，那么开阔的眼界意味着你不但在创业伊始可以有比别人更好的起步，有时候它甚至可以挽救你和你的企业的命运。眼界的作用，不仅表现在创业者的创业之初，而且会贯穿于创业者的整个创业历程始终。"一个人的心胸有多广，他的世界就会有多大。"我们也可以说："一个创业者的眼界有多宽，他的事业就会有多大。"

（四）明势

势，就是趋向。创业关键在于方向正确，这个方向就是势。势分大势、中势和小势。创业的人一定要跟对形势，要研究政策，要每天收看CCTV1的新闻，这是大势；中势指市场机会，市场现在时兴什么，流行什么，人们现在喜欢什么，不喜欢什么，可能就标明了你创业的方向；小势就是个人的能力、性格及特长。

（五）敏感

创业者的敏感是对外界变化的敏感，尤其是对商业机会的快速反应。一些人的商业敏感来自耳朵，一些人的商业敏感来自眼睛，还有一些人的商业敏感来自自己的两条腿。

有些人的商业敏感是天生的，更多人的商业敏感则依靠后天培养，良好的商业敏感是创业者成功的最好保证。

（六）人脉

创业不是引"无源之水"，栽"无本之木"。每一个人的创业必然有其凭依的条件，也就是拥有的资源。一个创业者的素质如何，看一看其建立和拓展的资源的能力就可以了解。

创业者资源可分为外部资源和内部资源两种，内部资源主要是创业者个人的能力，所占有的生产资料及知识技能等；外部资源中最重要的一点是人脉资源。一个创业者如果不能在最短时间之内建立最广泛的人际网络，即使其初期能够依靠领先技术或者自身素质，比如吃苦耐劳或精打细算，获得某种程度上的成功，他的创业过程也会非常艰难。创业者的人际资源按其重要性来看，分别是同学资源、职业资源和朋友资源。

（七）谋略

商场如战场，一个有勇无谋的人早晚会成为别人的盘中餐。创业是一个斗体力的活动，更是一个心智的活动。创业者的智谋将在很大程度上决定其创业成败，尤其是在目前产品日益同质化，市场有限且竞争激烈的情况下，创业者不但要能够守正，更要有能力出奇。

（八）胆量

创业本身就是一项冒险活动，因此也非常需要强大的心理承受能力。很多创业者在创业的道路上都有过"惊险一跳"的经历，跳得好，可能功成名就，白日飞升；跳得不好，就只好"凤凰涅槃"了。

（九）与他人分享的愿望

作为创业者，一定要懂得与他人分享。一个不懂得与他人分享的创业者，不可能将事业做大。

（十）自我反省的能力

反省其实是一种学习能力，创业既然是一个不断摸索的过程，创业者就难免在此过程中不断地犯错误。反省，正是认识错误并改正自己错误的前提。对创业者来说，反省的过程就是学习的过程。有没有自我反省的能力，具不具备自我反省的精神，决定了创业者能否是认识到自己所犯的错误，是否能改正自己所犯的错误，是否能够不断地学到新东西。对创业者来说，时时刻刻警醒、反省自己，才能时刻保持清醒。

二、创业前的准备

经商赚钱并不像大多数未涉商的人所想象的那样，是一件潇洒有趣的事情。实际上，经商做生意是一件非常辛苦的工作。特别是对一个创业者来说，创业的艰辛不是一两句能说清楚的，你会经常遇到诸如资金、人事、市场等方面的各种困境。企业在发展的过程中可能会有数不清的障碍和困难，只要有一个问题没有解决，只要有一个障碍迈不过去，就可能前功尽弃。

要想创业成功，必须在创业之前做好如下几方面的准备：

1. **项目准备**

一个新的企业的创立，困难是很多的，市场很难一下子打开。你必须有几手准备，也就是要准备一个或若干个系列的可行项目。好项目的标志是：市场需求量大，竞争对手少。当然这也是相对而言的，绝对可靠的项目是不存在的，这里也用得上一句广告词：只有更好，没有最好。事实上，在今天的中国，处女市场已经很少很少，一举而成百万千万富翁的项目很难找到了。再好的项目，也有它的缺陷。越是有利可图的项目，就越有强硬的竞争对手。你只能依据环境条件，根据自己的优势，权衡选择。一般而言，能够发挥自己特长，发挥自己优势的项目，是较好的选择。

2. **资金准备**

办一个商店或是公司，首先必须准备一笔启动资金。如果没有这笔钱，就必须通过各种途径来筹集这笔钱。不仅如此，你还要准备在公司资金周转困难时，能及时筹集到所需要的资金。在创业之初，准备3~6个月的现金流。

3. **商业知识准备**

经商办公司必须具备有一定的商业知识和经商之道。有的东西在一般人心目中只是平常之物，而在精明的商人眼里，可能价值连城，这是由于商人与其他职业的人着眼点及知识背景不一样所致。经商者总是以商业的眼光看待问题，一件平常之物能不能使它成为社会大众必需之品？技术可行性如何？能否获利？如果你不具备一定的商业知识和经商的经验，则很难有准确的判断力。

4. **社会关系的准备**

经商办公司，需要涉及到许多方面的问题，如人才、工商、税务、银行和货源，初次下海如盲人摸象，分不清东西南北。如果你想迅速打开局面，必须借助各方面朋友的帮助，因此平时就要广交朋友。在你遇到困难时，朋友的帮助尤为宝贵，即使有的朋友帮不了你，至少也可以给你一些安慰。

三、创业前的演练

创业要想获得成功，必须有科学的、系统的训练方法，提高创业者的素质，获取创业所必须的资金、技术、市场、管理、人际等资源，培养自己具有老板的眼光，老板的潜质。训练自己具有老板潜质的方法和途经有两种。

一是看书，二是亲自实践。

1. 怎样看书

目前市面上有关创业的书非常多，著名企业家写自传或别人帮写传记不少，我们在看这些书籍或听企业家演讲时必须牢记一点"成功是不可复制的"。人都会有把最好的一面呈现给别人看的习惯，所以我们很难从书中找到成功创业的办法，包括 MBA 课程，最多给你来个案例分享，实在是没有办法的办法。那么，我们还看不看创业书？书还是要看的，不过得会看。当你看到国内外的案例，不要羡慕别人的成功，不要企图复制，更不要鄙视别人的失败，你应该学会分析和总结现象背后的本质，找出别人成功或失败的全部原因，取其长，补其短。

2. 创业实习

陆游说："书上得来终觉浅，绝知此事要躬行"。创业是发财致富道路中最复杂、最难走的一条，要想成功创业，必须亲自参加创业实践。创业实践课学校教不了，社会上大大小小的老板们也不会教你，怕多了个竞争对手。既然无人教，是否我们只能在黑暗中独自摸索？答案是否定的，不但有而且是免费的学校——公司。有意识和准备的去打工，让老板花钱请你去工作，在工作的过程中去获得并积累自己最终创业所需要的经验。

打工，你可以积累管理、营销、行业等很多方面以后单独创业所需要的商业经验，在那里训练自己具备"老板眼光"。不论你处在哪个位置，都要站在老板的角度来观察、思考、发现、挑剔、怀疑。体会老板的用心，判断企业的得失。你还可以积累创业所需要的资金、人脉、技术等方面的资源，只要有准备和用了心，不要看重薪水的多少，选择适合自己积累资源的行业和企业去打工，等到积累到一定时候，不想单独创业都由不得你了！要达到这样的效果，前提只有一个：为创业而打工，把打工当做自己创业的第一步！

正确对待打工行为，请把打工当创业，准备毕业的同学们，开始行动，去找适合自己学习和积累的工作吧！一个有企图心的未来老板，有意地从各方面训练自己，使自己具备老板的素质，从本质上完成打工仔到老板的转变。之后就是万事俱备，只欠东风，等待合适的时机自主创业，真正成为一个小老板。

第四节　创业实践

引例

让 5000 元变成 10 个亿

金津，渡口网络科技有限公司总裁。在浙江理工大学上大一时，从 5000 元起步，盈利 100 万元，赚到他创业的"第一桶金"。他并不满足，瞄准了朝阳产业，杭州市正大力扶持的产业——动漫游戏。经过两年的发展，渡口公司已拥有员工 300 余人，成为浙江省规模最大的网游企业。公司估值达到了 10 亿元。

一、创业目标定位

尽管"三十六行，行行出状元"，但"上山怕遇着狼，下海怕入错行"。作为创业者希望能选好创业的切入点，虽然社会上行业很多，但适合自己做的行业真的很少。中职生年轻阅历少，人脉资源稀少，经验不足，资金缺乏，技术不全面，管理能力差。因此在创业之初，对高新产业、金融证券和房地产等高技术且高投入行业最好暂不涉足，要毕业后立即创业，可以向浙江商人学习，从摆地摊开始带"三把刀"（剪刀、菜刀、剃刀）闹天下，即从小本生意做起，积累经商经验，如果准备不足，我建议先打五六年工，把打工当作创业，中职毕业生自主应当充分考虑自己的实际情况，选择自己最熟悉的行业。为定位创业目标，让创业避开风险，走向成功，应从以下几个方面入手。

目标一：选择与自己专长及兴趣有关的行业。隔行如隔山，假若所创的企业非自己熟悉的行业往往遇到问题，将措手不及，极容易导致失败。要实现这个目标必须清楚你有哪些特长，如果你没有特长把打工从事的工作变成你的特长。

目标二：选择操作相对容易的行业。例如：小修理店、汽车美容店、小饭店、日杂店、服装店等，它们不需要很大的本钱，场地设备也较简单，顾客众多。只要你勤劳，钱总是能赚到的。虽然不是一下赚大钱，但重要的是你能开始积累经商经验。

目标四：选择资本周转率高的行业。不论什么生意，只要周转率高，尽管只有当天进货的资本，那么小钱也可滚出大钱，周转率低，那么天天吃老本，最后会坐吃山空。

目标五：选择少有破产、倒闭等发生的行业，切莫选择夕阳行业，那会使创业之途更加困难。

目标六：选择与创业资金能配合的行业。创业初期应慎选自有资金能负担之行业。避免小孩玩大车，因资金链断裂而导致失败。

二、如何发现创业机会

创业并不神秘，每个人都可以，但不是每个人都能找到合适的机会。我们不缺机会，只是缺乏发现它的眼睛。

1. 市场经济中机遇无处不在

生活中，总有人抱怨说："我要早几年做就好了，现在做什么都难了，不像以前那么容易。""别人的机遇怎么那么好？等我们做，都已经遍地开花了。"实际上这都是一种误解，是不了解经济规律的一种表现。在市场经济的今天是很公平的，它不会偏袒某些人，或歧视另一些人，可以说，在机遇面前人人平等。别人有的机遇你也有，昨天有机遇，今天同样有机遇。机遇总是存在的，就看你能不能识别它，把握它了。

2. 培养善于发现机会的能力

如人口结构的变化，老年人增加；独生子女家庭增多；职业女性增多，女性注重自己的形象；双职工家庭增多；家务负担加重等，为创业带来创业机会。为老年人提供保健用品，为独生子女提供各种用品和服务，为年轻女性和职业女性提供服装、化妆品，以及各种美容和保健服务，为双职工提供家政和娱乐服务。

（1） 良好的调研习惯。

市场机会总是存在的，但如何发现它们呢？最根本的一点就是要经常深入到市场中去，多进行调研。

（2） 眼勤、耳勤。

寻找合适的创业机会，不仅要到处走走，搞搞调研，还要做个有心人，在日常生活中多听别人怎么说，多看别人怎么做。也许说者无心，做者无意，但恰恰是它可能给你带来意想不到的收获。

（3） 独特的思维。

对于同一件事物，不同的人可以从不同的角度去看它。比如一件在别人看来没什么价值的东西，在另一些人看来，或许能派上用场，发挥更大的作用，这就是独特的思维。善于从事物的相反面去看问题，就是独特的思维方式。

三、如何把握创业的机会

（1） 创业的机会总是有风险的。
（2） 平民创业者的特殊性就在他们承担风险的能力。
（3） 正确评估创业机会的市场价值，减少市场风险。

评价创业机会好坏的主要因素有：

第一，这次机会是否具有独创性，这意味着你发现的机会尚无人涉足，如果还具有技术、经济上的可行性，将能为你的创业带来巨大的竞争优势。

第二，进入条件。包括：一是投入资本，二是专业技术。

第三，项目的见效时间，即达到盈亏平衡所需的时间。

第四，项目的盈利能力，主要有销售毛利润率，投资回报率。

第五，成长性，主要是指市场容量的成长性。

第六，客户基础如何，即有没有现成的客户？

（4） 创业机会与创业者的匹配性。

创业机会是否是好的机会，除了要看它本身是否有价值以外，还要看它是否适合你去做。

（5） 对经过严格论证的创业机会，要当机立断。

（6） 克服困难，把握机遇。

- 克服专业技术上的困难。
- 走自己的路。

四、如何运作创业项目

当我们抓住某一项目机会，并将它转变为创业实践之后，就转入项目运作阶段，过去比较模糊的或初步的创业理念都要通过各种途径转变为实践。再小一个创业项目都需要你将所拥有的资源整合起来，生产出一种产品或服务，经过销售后转变为价值。所以创业项目的运作实际上就是一个价值创造过程，其中的各个部分，都是这个价值创造链条中的环节。而它们的整体，具体包括：研究开发环节、原料采购环节、生产制造环节和销售环节。

(1) 在开发阶段，要讲究一个新字。
(2) 在采购环节，要建立起长期的供应关系。
(3) 在生产制造环节，要营造低成本优势、特色化优势。
(4) 在销售环节，要对客户讲诚信、密切关注客户需求、建立适当的分销渠道、运用促销策略、注重售后服务。

五、风险防范

创业风险指给公司财产与潜在获利机会带来的损失的可能性，这里所说的公司财产，不仅是指那些具有实际物理形态的，如库存或设备等，同时还包括公司人力资源、技术和声誉等其他"软"因素。

创业者创业之初面临的风险主要有以下几点。
(1) 营销风险。
(2) 市场风险。
(3) 财务风险。
(4) 现金风险。
(5) 技术风险。
(6) 人力风险。
(7) 外部环境风险。
(8) 不可预知的其他风险。

创业者在创业之初要有勇往直前的精神面貌，但也应理性地考虑后路与退出机制。因为任何投资都是有风险的，这是一条真理。所以在开创自己的事业之前，我们要尽量多地想可能会出现的坏的情况与坏的方面。在想好自己的退出机制以后，集中所有的精力开创属于自己的事业。

案例

变中国小吃为西方速食的华商范岁久

丹麦有一位华裔商人名叫范岁久，他在哥本哈根开了一家大龙食品公司，专门制作和出售中国的传统小吃炸春卷，畅销欧美，风靡全球。

范岁久是怎样将中国传统小吃变成西方速食的呢？他是在20世纪50年代末混迹哥本哈根十里洋场谋求出路的。当时，他想开一家餐馆，一无资金，二无手艺，难以如愿。不过他会做故乡传统的小吃炸春，于是便决定开一家手工制作的炸春卷店。刚开始来光顾的都是一些旅居丹麦的华人，后来丹麦人、美国人、德国人也都经常光顾，一时销路大开。此时，范岁久想，光赚华人的钱不算本事，要千方百计赚洋人的钱。为了迎合西方人的口味，范岁久除了保持中国传统春卷制作的特色外，还细心研究德国人的口味，根据不同人种的不同口味，在春卷配料上狠下一番工夫。比如欧美人喜欢吃牛肉、火腿、鸡蛋、胡萝卜丝；非洲人喜欢吃笋丝、木耳、咖喱粉，他就在春卷内馅分别加进这些材料，迎合不同消费者的不同需求。在价格上，一般都订得比较低，实行薄利多销。

中国传统的炸春卷，经范岁久这么一改良，大受西方人的喜爱，成了西方人的中国速食，每天门庭若市，应接不暇。范岁久觉得路子现已打开，就要大干一场。于是，他将连年赚下的钱统统投入再生产，很快办起了"大龙食品厂"。采取了全新的自动化滚动机新技术，加速了出口量，大大提高了营业额。1996年，范岁久得知墨西哥举行世界杯足球赛，即闻风而动，抢占先机。他根据墨西哥人喜爱吃辣的生活习惯，大胆地将春卷的配料加进辣椒粉，制作了一大批辣春卷，投入墨西哥市场，被墨西哥的足球迷们抢购一空，轻而易举地赚回一大把一大把钞票。有一次，"大龙"春卷到德国展销，因香脆可口，受到驻德国美军赞赏，经美国食品专家化验鉴定，认为"大龙"春卷营养极佳，完全达到卫生标准，于是驻德国美军每天向他的"大龙"订购10条炸春卷。仅这一次，范岁久就赚进了100多万美元。

现在他的"大龙"炸春卷已畅销到欧、美、亚、非洲近30个国家，范岁久被称为"世界春卷大王"。鉴于他创造了惊人的业绩，对丹麦税收增加做出巨大贡献，丹麦政府多次给予表彰和奖励。

第五节 创业案例——女教师圆幼时办园梦

韦芳艳

女，2008级学前教育专业毕业生
班主任：伍燕虹老师
在家乡开办"童梦幼儿园"

韦芳艳从小就对幼儿园教师有着崇敬之情，随着年龄长大更萌发了要做一名优秀的幼儿园教师的信念。

2008年8月韦芳艳怀揣着做一名幼儿园教师的理想，走进了南宁市第四职业技术学校（南宁市第二师范学校）就读学前教育专业。她十分珍惜在校学习时间，各科成绩都很优秀，幼师专业技能过硬。三年中先后荣获：广西区中职教育奖学金、南宁市级三好学生、南宁市优秀班干、南宁市优秀团干、南宁市优秀共青团员等荣誉证书。

2011年7月韦芳艳从南宁四职校学前教育毕业后，到宾阳县宾州镇粮贸幼儿园做一名幼儿教师。在这个幼儿园中有不少经验丰富的幼教工作者，成为她学习的榜样。她不耻下问，虚心求教，把在学校中学到的专业知识与实际工作结合起来，认真钻研教材和幼儿保教知识，做好充分课前准备，科学利用多媒体教学上课，在每次幼儿园领导检查备课及作业时，她都受到很好的评价。

在宾阳县宾州镇粮贸幼儿园工作期间，韦芳艳一边教学，一边学习幼儿园的管理工作，于2012年考取了"幼儿园园长"资格证。在家人的支持下，2013年8月22日，韦芳艳在自己的家乡邹圩镇创办她的"童梦幼儿园"。在幼儿园刚开始招生时，不少村民都认为她刚工作两年多就自己办幼儿园，对能否办好幼儿园持怀疑态度。第一个月"童梦幼儿园"只招到31名幼儿，但韦芳艳并不气馁，她明白要想打消乡亲们的顾虑得用事实说话。因此她在注意搞好幼儿园环境设施的同时，更注意引进幼儿园先进的教学理念，通过一个学期的努力，童梦幼儿园得到了广大适龄儿童家长的高度认可。这里真正成了广大适龄儿童开启智慧、活跃思维、认知科学的殿堂。韦芳艳用自己的实际行动响应政府的号召，为解决适龄儿童"入园难"、"入园贵"的社会难题做出了贡献，不愧是南宁四职校优秀毕业生的典型代表。

韦芳艳说：她取得的成绩主要得益于在南宁四职校学到扎实的幼儿保教知识和专业技能。通过创业她体会到：创业虽然艰难，但创业是最好的就业方式，尽管事情大小都要亲力亲为，操心累人，但只要坚持下来，就会收获成功。

第七章 创业项目的选择

学习目标

★ 创业项目选择概述。
★ 怎样选择合适的创业项目。
★ 如何进行市场调研。
★ 学会分析创业环境。

人类进入互联网时代之后,创业信息传播渠道渐渐多了起来。互联网上创业信息更是如此。网站汇聚了大量商机,且这种商机每天都在实时更新,继续增加新的项目。面对如此庞大的信息,创业者不要"见一个爱一个"。所以某些职业规划师也提醒创业者选择合适的创业项目,一个良好的创业项目,能让创业者少走好多弯路,大大增加创业者成功的几率。可见,一个良好的创业项目的选择就能成就一个美好的未来。

第一节 创业项目选择概述

据中国创业招商网统计,90%的人曾经有过创业冲动,其中60%的会付诸实施,但是在这其中成功的人仅有10%。那么,为什么会有这么多人失败呢?中国创业招商网最近展开了一次调查,结果发现:98%的失败者是因为没有选准合适的项目。俗话说得好"万事开头难",选择了一个好的项目,就成功了一半。

一、创业项目分类

选择一个正确的创业好项目是成功的一个基础,但往往人们不知道该如何的去正确的选择合适的创业的好项目,是应该选择冷门还是热门,哪种行业更有发展都是令人头疼的问题。所以创业者要按照自身技能、技术、经验、资金实力等实际情况,对各类项目加以甄选。

(1) 从观念上来看,创业项目分为传统创业,新兴创业以及最新兴起的微创业。
(2) 从方法上来看,创业项目分为实业创业和网络创业。
(3) 从投资上来看,创业项目分为无本创业,小本创业,微创业等。
(4) 从方式上来看,创业项目分为自主创业,加盟创业,体验式培训创业和创业方案指导创业。自主创业需要资金链、人员、场地、产品等多项内容的系统化规划,创业起步较高,风险较大;加盟方式的比较普遍,而且比较正统、专业、规模化。但同时创业者也需要从资金和经验问题，客观的考虑选择加盟项目。体验式培训创业类似于一个创业模拟，从中可以领略创业经验。

二、选择创业项目

作为一名创业者，可能需要白手起家，但因为之前多多少少在别的企业工作过，所以可以分析原来公司的情况，找出其强项与弱项，创造出的新的业务方向甚至企业，对于熟悉的领域，总有一些商机能够让你发现。

1. 选择创业项目的原则

不论现在的具体情况怎样，如果你要创业、要选择创业项目，必须遵循这样几个普遍原则。

（1）选择项目是搞对象。

创业的感觉可以同初恋相比，选择项目的重要可以同搞对象相比。为什么？任何项目的本身，有一个怀胎、孕育、出生、发育的过程，这是一个自然的过程，创业者对一个具体项目，有一个认识、理解、通透、把握的过程，这是一个历史的过程。由此决定了创业的过程是人与项目是长期相互融和的过程。同时决定了选择项目必须立足长远。即便是你的选择符合人们公认的原则，比如：发现潜在的需求，找到市场缝隙，有附加值、有特色，那也是万里长征走完了第一步，今后的每一步都是人与项目的融合。这个融合是人与项目生死相伴，永远不会完结。

（2）选择项目首先选自己

选择项目是开创自觉的人生，标志着把握自己命运的自主意识的萌生。许多人当初未必知道，这正是迈向成功之路的起点。若干年后，当你站在事业的巅峰回头看当初的选择，便会感叹它的历史意义之重大。选择项目，是创造一个切入社会的端口，找到一个与社会结合的点。这就需要四个字："知己知彼"。知己，就是要清醒地审视自己的优势、强项、兴趣、知识积累与结构、性格与心理特征等。知彼，是对社会未来发展趋势的认识，稳定的、恒久的、潜在的需要。特别是能够对潜在的趋势和需求有所敏感，就会比别人快上一拍半拍，当这种需求显露的时候，你已经是有准备的人。

（3）选择项目要舍得花工夫

有一个人，当过一周时间的世界首富，他就是软银公司的孙正义。他大学毕业后从美国回到日本，选出了50个创业目标，花了一年时间逐个进行考察，写出了几尺厚的资料。最后选择了作软件。既然选择目标事关人生，就不可随随便便，必须以慎重态度对待，经过一个充分的论证过程。在这个过程中，要舍得花时间，用几个月甚至一年时间都是值得的。也要舍得花气力，严格地审视自己，慎重地判断社会走向，捕捉初露端倪的苗头。要能够静下心来，认真调查研究，寻找事实根据。只有这样，才能使目标坚实可靠才会全力以赴地去干，在奋进的途中不犹豫、不徘徊、不动摇、不因挫折就心猿意马、改弦更张。一门心思，一干到底。

（4）选择项目要整和并增加特色

选择的项目一定要有"根"，就是项目生命的根子、生存的权利、活下去的条件、站得住脚的基石。争夺市场份额的内生力量。可以通俗的表示成四句话：别人没有的；先人发现的；与人不同的；强人之处的。例如说"别人没有的"，可以是某种资源与某种特定需要的联系，可以是某种公认资源的新商业价值。可以是特殊气候的、温度湿度的、土壤成分的、地理位置的、长期废弃的、失传已久的。一个走亲戚的人发现附近的山上有白色的土，是可以制做陶器的一种土。进一步了解到附近有铁路。于是他买下这块下面有陶土的地，把土凉干磨成粉——买起陶土来了。再比如，"强人之处的"，一个项目其中的不论哪个方面，哪怕是一点：高人一等、优人一档、强人一处、就是根。质量的、功能的、外观的、设计的、成本的、经验的、模式的等等。比方说成本，谁能想到"世界500强"排名第一的是一家叫沃尔玛的零售企业。它能够把管理费用控制在销售额的2%。这叫真功夫。据说他们总部的办公室像卡车终点站的司机休息室，可见他们为降低成本而努力的背后是一种什么样的精神。

2. 选择创业项目的方法

那么具体地说应怎样选择项目呢？中国创业招商网专家建议：

（1） 选择具有独特资源优势的

俗话说：靠山吃山，靠水吃水。创业者如果能慧眼独具，发掘自己身边特有的资源进行投资开发，往往容易成功，因为在这种情况下，你没有竞争对手。因此应尽量选择与自己的专业、经验、兴趣、特长能挂得上钩的项目。

（2） 选择目标市场非常明确的

针对某个特定消费群体，进行市场调研，知其所好，投其所好，乘"需"而入，推出新产品或服务项目，往往能领先一步占领市场。我有一位女友，她一直喜欢买一些漂亮的小饰物。每买到价格不菲又有轻微缺陷的饰物，她就想开一个可以自己动手做首饰的店。既可降低价格，又可完全按自己的心意制作。

（3） 要选择有良好的发展前景的

产品的市场支持力、市场容量及自身接受能力对创业者来讲至关重要，要多考察当地市场，看看所选项目是否在当地有一定需求及靠自己的能力是否可以进入市场等。对于创业者来说要多考察当地市场，对所发展项目要有直观的利润。这样才能保证创业成功。

第二节　创业项目的选择方法

引例

打工妹网上开餐厅月入过万

阿欣中职毕业后难以找到专业对口的工作，无奈之下，只好到广州一家专门为外国人开的酒吧打工，薪水加小费，每月有近2000元的收入。但阿欣做这份工作并不开心，因为文化差异洋顾客有时会乘着酒兴，对阿欣有些出格的行为。开始时，为了保住工作，阿欣只得忍气吞声。天长日久，阿欣越来越无法忍受。

一天，阿欣给在电脑公司上班的男友送午餐时。看到男友同事们的称赞与美慕。让阿欣在欣喜之余突然悟到：现代人生活节奏快，工作压力很大，写字楼里的白领们根本无暇为午餐操心，往往只是随便吃点儿小吃，或是去麦当劳、肯德基等洋快餐店，既不营养也不实惠。如果自己能将精心制作的菜肴和营养丰富、热气腾腾的靓汤，及时送到这些工作繁忙的白领面前，一定会有市场！所以阿欣毅然辞去了酒吧的工作，专心做起了"网上老板"。查阅了大量食谱，精心设计出20多种不同风味、搭配合理的套餐。她买来一台二手笔记本电脑，配上调制解调器，联上了互联网。男友为阿欣制作了一个精美的网页。经过半个多月的准备，阿欣的"网上快餐店"开始营业。开业第一天，她就坐在家里的电话机旁，盯着电脑屏幕，盼着订餐邮件或电话。不料，忐忑不安地苦守了一天，却没有盼来一份订单。阿欣只得把精心制作的套餐和靓汤全部倒掉。漫长的3天熬过去了，心急如焚的阿欣终于等来了第一单生意。此后，网上订餐的人逐渐增多 3 个月后，每到中午，阿欣房间里的电话铃声就响个不停，订餐的 E-mail 有时甚至会"挤爆"她的邮箱，近30家公司成了她的长期客户。后来，阿欣雇了10多名上门送餐的员工，还聘请了两位厨师。为了保证质量，阿欣每天"限量供应"，只制作600份套餐，每份套餐还赠送一款应季蔬菜汤。

除去成本，阿欣的网上餐厅，每月至少有1万元的毛利。如今，阿欣正全力筹建一个餐饮娱乐网站，开启一扇更壮美的创业之门。

中职毕业生没想要成为一位成功的创业者首先要搞清楚哪些项目的投资额是在自己的经济范围以内，对行业的特性、需要具备的条件及自身的条件有透彻的了解，这样创业才能有比较高的成功率。其次要有良好的心态，客观分析自己的长处、适合做什么，以及自己感兴趣的是什么。最后还有结合自己的实际情况，自己的资金情况去确定创业项目，以下一些项目类型可供创业者选择。

1. 摊贩型创业项目

消费者对于摊贩绝对不会陌生，此种经营模式通常会出没在人群聚集的地方，如夜市、风景区、车站等。主要类型有两种，一种是以摊车的形式出现，所售商品以餐饮为主，如烧鸡、熟肉杂食、早点等；另一种则是用大布巾或大箱子，将商品摆在地上或特定的地方陈列出售，此类的商品包罗万象，衣服、发饰、发镜、皮具等等都有。要加入摊贩的行列，耳聪目明，身手敏捷是必备的条件。创业者如果还有口若莲花的本事，相信绝对可以呱呱叫。不过摊贩经营相当耗费体力，而且要注意流动性。因此，除非所卖商品是以本人手工生产的商品为主，否则从事摊贩这行业还是身强体壮的年轻人比较合适。

2. 居家型创业项目

居家创业最主要的特色就是以家为工作地点，所以店面租金费就省下来了。只要 5 万就可以在家创业的行业，主要有家政、图纸设计、课辅班、才艺班、网店等。这种创业方式最主要的限制，就是一定要有足够的专业能力或技术，如从事文字翻译者，其外语能力一定要好。另外，此种创业类型的工作地点就在自己家中，所以不会有人监督，也不易和人比较。因此对于本身的惰性要有足够的克制力，不要被家中电视、家人的嘻笑玩闹给诱惑而耽误工作。

3. 业务型创业项目

这一类型的创业方式，跟在公司上班一样，所卖商品虽然不是自己批发或制作，但是客户的来源却是创业者自己可以掌握的。此类型创业者一般都是以加盟或代理的方式创业。

创业者要采用此模式创业，最重要的就是要注意服务质量，因为创业者很难掌握商品的品质，相对的，服务品质就重要许多，只有提升其他的附加值服务，才能吸引新客户，才能让客户产生信赖感，建立忠诚度。除此之外，此类的创业者需大量的客户来源，因此创业者必须不怕生、善于沟通，还要多参加一些团体活动来扩大人脉。

4. 网络虚拟型创业项目

网络虚拟型创业主要有网络拍卖、网络店铺两种。此类创业方式除了对计算机、网络运用的基本的认识之外，贩卖的商品也要具有独特性和吸引力。目前女性用品、家居用品及儿童用品在网络上销售成绩最好。因此对时尚具有敏感度的青年女性都可以选择在网络上开一家自己的店铺。

5. 生产型创业项目

此类项目是依靠技术、专利，购置设备，组织工人生产生活日用品、电子电器、工农业产品及生产资料等，然后开拓市场，进行销售，以此取得经济效益，获取利润。具体经营模式上可采用前店后厂、公司加农户、工厂加市场等。

6. 服务型创业项目

中职毕业生在学校经过一段专门的技能训练，懂得一定的专业技能，但由于资金、经验等方面的不足，最好是选择专业要求不那么高，但又能满足现代人需要的一些项目，比如计算机"清洗"，数码摄影店，计算机维修，网络服务等等，这些服务型创业项目的种类比较多，且门槛低，技术要求也不是很高，但读物态度与服务质量要求较高，是不错的创业选择。

7. 连锁型创业项目

连锁店是降低创业风险，走向成功的捷径。有整个连锁总部作"靠山"，又可以从总部那里获得专业技术等方面的援助，采取加盟特许经营企业的创业方式要比独立创业的风险小得多。同时总部在管理技巧，经营诀窍和业务知识方面的培训，已形成了一套规范化的管理系统，加盟商照搬这套标准化的经营管理方式，极易获得成功。

8. 创意型创业项目

一种新奇独特的产品，如果市场中没有或极少同类产品，那么他的市场空间一定是非常大的，青年人目光敏锐，思维活跃，能够快速的接受新鲜事物，中职生可以考虑这类创业。如服装加香，Q版太阳能盆栽等等。

8. 根据自己所学专业选择创业项目

中职毕业生经过三年的技能培训，掌握所学专业的部分技术，可以考虑根据自己的专业选择特长创业，这样也比较有优势。

第三节　市场调研

市场调研是发现和提出企业营销的问题和需求，通过系统且客观的识别、手机、分析和传播信息，从而提高与修正企业的营销决策过程。

一、市场调研的目的与方式

市场调研的目的是找出谁是潜在客户，并发出客户的需求，其主要方式是查明所在地区，还有谁提供与你相同的同类产品服务，收集竞争对手的具体数据，并和自己的产品和服务做比较。

（1） 为了更好的了解顾客情况，可以参考下面的这些问题。

① 你的企业或公司准备满足哪些顾客的需要？把自己准备提供的产品或服务列一张清单，并仔细记下顾客需要的产品和服务种类，你的顾客是男性还是女性？老人还是儿童？是不是其他企业也能成为潜在的顾客，把所有可能影响你的企业构思的方面写下来。

② 各科需要怎样的产品以及产品服务？每个产品火车害怕服务的哪方面最重要？规格、颜色、质量、价格等等。

③ 顾客愿意为每个产品或产品服务付多少钱？

④ 顾客在哪儿？他们一般在什么地方和什么时间购物？

⑤ 他们多长时间购一次物，每年？每月？还是每天？

⑥ 他们购买的数量是多少？

⑦ 顾客数量在增加吗？能保持稳定吗？

⑧ 为什么顾客购买某种特定的产品或服务？

⑨ 他们是否在寻找有特色的产品或服务？

通过做顾客调查，你可以得到上述这些问题的可靠答案，有助于你判断自己的企业构思是否可行。

（2） 此外还可以通过回答下列问题来了解竞争对手的有关信息。

① 他们的产品或服务的价格怎样？

② 他们提供的商品或服务的质量如何？

③ 他们如何让推销产品或服务？

④ 他们提供什么样的额外服务？

⑤ 他们的企业坐落在地价昂贵还是便宜的地方？

⑥ 他们的设备先进吗？

⑦ 他们的雇员受过培训吗？待遇好吗？

⑧ 他们做广告吗

⑨ 他们怎样分销产品或服务？

⑩ 他们的优势和劣势是什么？

二、市场调研的类型

（1） 直接调查：直接询问、面谈或通过问卷展开调查，例如在一万人中对 200 人进行随机的抽样调查。

（2） 一般性研究，对图书馆、书店以及政府提供的出版物或资料进行分析研究。

（3） 统计研究，获取市场调研公司提供的资料并进行研究，可以得到基于消费者特征的统计数据。

三、市场调研的一般过程

（1）明确问题与调查目标。

（2）确定市场调查的对象：市场的调查对象主要有企业产品的消费者、企业竞争者、企业合作者和行业内的中立者三类。

（3）制定调查计划：包括设计问卷、资料来源、调查方法、调查手段、抽样方案以及联系方法等。

（4）收集信息。

（5）分析信息。

（6）根据确实的证据对目标市场的现状及存在的问题做出描述和回答，并以此为根据指定创业计划。

把调查收集到的信息做一番整理，试试回答下列问题。

① 成功的企业有相似的经营方式吗？

② 成功的企业具有相同的价格政策、服务、销售或生产方式吗？

四、创业前市场调研的主要内容

（1）市场需求调查，也就是调查本类企业产品在市场的需求量及影响的因素，需要重点调查的有够耐力调查、购买动机调查和潜在需求调查，它的核心是寻找市场经营的机会。

（2）竞争者情况调查，包括竞争对手的基本情况、竞争对手的竞争能力、经营战略、新产品、新技术开发情况和售后服务情况，还要注意潜在的竞争对手。

（3）本企业经营战略决策执行情况调查，如产品的价格、销售渠道、广告及推销方面情况、产品的商标及外包装情况、存在的问题及改进情况。

（4）政策法规情况调查，包括政府政策的变化、法律、法规的实施，都对企业有重大影响，如税收政策、银行信用情况、能源交通情况、行业的限制等都对企业和产品关系影响重大，也是市场调查不可分割的一部分。

五、设计调查问卷注意事项

（1）问卷应当简洁明了，避免因过于冗长、啰嗦而被受访者拒绝。

（2）避免提及隐私性、敏感性等问题，比如工资、年龄、联系方式等，在必须要问的情况下，可安排在最后问。

（3）先问一些能够引起兴趣的、容易回答的问题，后面才问比较难答的问题，先一般后特殊。

（4）多问选择题，且备选答案要全面。

（5）对于价格要在描述清楚产品的基本特点后再问，建议使用问答题，比如你愿意花多少钱购买这个产品？

（6）避免使用会产生歧义的问题。

（7）避免提出倾向性、诱导性问题。

（8）问题不要重叠。

（9） 避免使用专业术语，如果实在不能避免的最好加以解释。
（10） 调查感受性商品，比如食品、饮料等商品时，尽可能提供样品。
（11） 如有可能赠送小礼品。
（12） 提前进行小范围测试，了解受访者对问卷的接受程度和理解程度。

第四节　创业环境分析

现在中职生创业所面临的宏观环境和微观环境都十分的复杂。所谓创业环境，实际上就是创业活动的舞台。任何创业活动都是在一定的社会环境下进行的，在中职生迈向社会进入创业阶段的时候，呈现在面前的就是一个巨大的创业舞台。下面是创业环境分析。

一、创业环境 SWOT 分析法

在选择创业项目的时候，创业者可以根据需要把自身存在的优势与不足与外部环境存在的机会与威胁，结合成四种模型进行分析买这就是创业者常用的 SWOT 分析法，它的具体分析方法为，将自己的各项优势 S（strengths），与自己存在的各项劣势 W（weaknesses），分别与外在环境中的机会 O（opportunities）与威胁 T（threats）进行组合。然后通过对比分析利弊，做出比较客观的评价，也为进一步采取行动提供更为明确的目标和方向。SWOT 分析法可以用表 8.1 进行描述。

表 8.1　SWOT 分析法

外部因素＼内部因素	优势 S 1. 2. ……	劣势 W 1. 2. ……
机会 O 1. 2. ……	SO 战略 利用优势、抓住机会、抢战市场，快速行动	WO 战略 机会难得、尽力抓住，设法补足自己或资源等，否则将放弃
威胁 T 1. 2. ……	ST 战略 利用优势、抵御外部威胁，否则考虑转移优势、开拓新方向	WT 战略 该项目没有自身优势，且外部环境不良，最好是放弃

创业者在进行 SWOT 分析前，应该对自己的内部条件进行仔细的评估，同时对于自己所处的外部环境也要进行客观的分析，如果认为存在自身评估并不准确的情况，则需要采取多种方法对自身条件进行评估；如果外部环境的了解不够清晰，则需要进一步开展市场调查；如果能有 WO、SY、WT 型转向 SO 型那么久要快速的采取行动。创业者在项目确定的过程中，随着多方信息量的增加，应该注意多次对项目进行反复的 SWOT 分析，这样才能做出更为精确的判断。

二、创业环境的分类

创业环境是指指办一个企业所需的周边环境，任何一个新创业者都是在一定的创业环境中成长起来的，创业环境概括可分为 3 方面。

（一）宏观环境

一个国家和地区的市场开放程度、政府所处的国际地位、信誉和工作效率，以及金融市场的有效性等等，都对企业的创办、生存，以及发展等有重要影响，也对投资者的兴起起至关重要的作用。

（1）政治法律因素

政治法律因素是指一个国家或地区的政治制度、体制、方针政策、法律法规等方面。这些因素常常制约、影响企业的经营行为，尤其是影响企业较长期的投资行为。

（2）经济因素

一个企业经营成败与否，在很大程度上取决于整个经济运行情况，创业者要善于对经济因素进行分析。与企业经营有关的经济因素主要包括：整个国民经济的发展状况、产业结构的构成与发展、价格的升降和货币升贬值、银行利率的升降和信贷资金的松紧程度等。

（3）社会因素

社会因素包括社会文化、社会习俗、社会道德观念、社会公众的价值观念、职工的工作态度以及人口统计特征等。变化中的社会因素影响社会对企业产品或劳务的需要，也能改变企业的战略选择。因此，创业者需要在创业前对有关的社会因素加以考虑。

（4）技术因素

技术的进步可以极大地影响到企业的产品、服务、市场、供应商等的地位。而技术进步能更好地创造新的市场，比如产生大量新型的改进产品，技术的进步还可以减少或消除企业间的成本壁垒，缩短产品的生产周期，极大地影响到企业的产品、服务、市场及竞争地位，以带来比现有竞争优势更为强大的新的竞争优势。

（5）自然环境因素

自然环境主要指企业所在地的全部自然资源。对于创业者，应该基于资源从事创业，对于选定的创业项目，需要认真地分析一下是否有足够的资源来支持创业企业的生存与发展。

（二）行业环境

行业环境包括对目前从事或拟从事的目标行业的环境。我们可以通过行业竞争要素和行业生命周期简单分析行业环境。

（1）新进入者的威胁

新进入者在给行业带来新生产能力、新资源的同时，也希望在现有企业瓜分完毕的市场中赢得一席之地，这就有可能会与现有企业之间发生原材料与市场份额的竞争，最终导致行业中现有企业盈利水平降低，甚至危及这些企业的生存。进入威胁的严重程度取决于进入新领域的障碍大小与预期现有企业对于进入者的反应情况。进入障碍高，原企业激烈反击，进入者将难以进入本行业。

（2）现有市场竞争者抗衡

当一个特定市场的企业为数众多时，必然会有一定数量的企业为了占有更大的市场份额和取得更高的利润，而突破特定市场的一致默契与平衡，独立行动，采取打击、排斥其他企业的竞争手段，导致在现有竞争者之间形成激烈的抗衡。创业者如果想进入这个行业，要格外慎重，否则很容易"出师未捷身先死"。

（3）替代产品的竞争压力

所谓替代产品的竞争压力，也就是满足同一市场所需的不同性质产品，比如塑料代替铝制品，空调代替电风扇等。

（4）购买者和供应者讨价还价的能力

购买者和供应者讨价还价的能力大小，取决于它们各自以下几个方面的实力：买方/卖方的集中程度、业务量的大小、产品差异化程度、资产专用性程度、纵向一体化程度以及信息掌握的程度等。

（5）其他利益相关者

这些利益相关者可能是股东、员工政府、社区、借贷人、贸易组织以及一些其他利益集团等等，他们各自对企业的影响大小各有不同，创业者从在创业初期就应该处理好与利益关系着之间的价值均衡问题以及他们对创业的影响。

（6）行业的生命周期

任何一个产品都需要经历投入、成长到衰退的生命周期，由产品及市场组成的行业也有一个生命周期，一般来说，创业者在产品和行业的成长期或成熟期几区市场较为有利。

三、选择创业项目应考虑的其他因素

创业者对创业项目的选择是最关键的问题，如果项目选择失误，那么投资就会失败，所以在选择时必须要慎之又慎，除了根据环境选择创业项目以外，还可以根据实际情况考虑以下几个因素。

1. 个人兴趣、爱好和特长

一个人只有选择了喜欢做又有能力做的事情，他才会自觉的全身心的投入到工作中去，从而享受自己工作，即使遇到困难和挫折，也会百折不挠，勇往直前，千方百计克服困难，实现创业目标。

2. 对所选行业的熟悉度

大量实验证明，许多工作者需要的不是天才的头脑，而是熟悉。比如开饭店，并不需要多高的智商，只要了解了法定程序，再多多想想就可以总结出行业规律。创业者只有在自己熟悉的行业里选择创业项目，这样才能提高创业成功的把握度，找到生财的窍门，加上勤奋和信心，就可以取得成功。

3. 充分的市场调研

选择创业项目后，认真的分析拟选的项目是否有市场机会。以及本人是否有足够的能力利用这个市场机会。比如打算开一个餐馆，发现当地老人们喜欢吃的菜并没有任何一个餐馆在卖，这对你来说就是一个市场机会。

4. 能够承受风险的能力

创业过程中存在着许许多多不可控制的因素，一旦把资金投入进去，并不能保证一定能够成功，或一定能够赚钱，必须考虑到最坏的情况。如果连最坏的情况也能够承受，就可以投资。但是创业者要正确对待风险，既要勇于进取，又不能盲目的冒险，需要把创业的成本控制在能够承受的范围内。

第五节　创业案例——优秀教师创办市合格幼儿园

苏东梅

女，2008级学前教育专业毕业生

班主任：伍燕虹老师

创办宾阳县露圩镇广场幼儿园

苏东梅2008年就读于南宁市第四职业技术学校学前教育专业，在校担任班长、学校学生会主席，曾获得区级优秀奖学金2000元，市级三好学生、校级三好学生、学校优秀学生会干部等荣誉。

2011年10月开始从事于自己喜爱的幼教事业，工作认真，严格要求自己，虚心向身边的优秀教师请教，不断总结反思，积累经验，优异成绩，用自己的实际行动赢得了领导的认可，家长们的信任，孩子们的喜爱，曾多次被评为"优秀教师"。2014年7月，与同学韦丹创办了"露圩广场幼儿园"，现有将近200名学生，十多名员工，2015年6月份被评为南宁市合格幼儿园！

第八章 创业计划书

学习目标

★ 创业计划书有哪些作用。
★ 创业计划书的结构分类。
★ 创业计划书的内容是什么。
★ 怎样写作创业计划书。

创业计划书是创业者叩响投资者大门的"敲门砖",是一份全方位的商业计划,它的主要用途是递交给投资商,便于他们能对企业或项目做出评判,从而使企业获得融资。创业计划书是用以描述与拟创办企业相关的内外部环境条件和要素特点,为业务的发展提供指示图和衡量业务进展情况的标准。一份普通的创业计划通常会结合市场营销、财务、生产、人力资源等职能。

第一节 创业计划书的作用

创业计划书是将创业者有关创业的想法,借由白纸黑字最后落实的载体。而创业计划书的质量,往往会直接影响创业发起人能否找到合作伙伴、获得资金以及得到其他政策的支持,一份优秀的创业计划书往往会使创业者达到事半功倍的效果。

(一)帮助创业者自我评价,理清思路

在使用创业计划说创业融资之前,创业计划书应该是先给创业者自己看的。创业者应该以认真的态度客观的对自己所有的资源、已知的市场情况和初步的竞争策略做尽可能详尽的分析,并提出一个初步的行动计划,这样使自己心中有数。此外,创业计划书还应该是创业资金准备和风险分析的必要手段。对第一次创业的风险企业来说,创业计划书的作用尤为重要,一个酝酿中的项目,往往很模糊,通过制定创业计划书,把正反理由都书写下来,然后再逐条推敲,创业者就能对这一项目有更加清晰的认识。

(二)帮助创业者凝聚人心,有效管理

一份完美的创业计划书可以增强创业者的自信,使创业者明显感到对企业更容易控制、对经营更有把握。因为创业计划提供了企业全部的现状和未来发展的方向,也为企业提供了良好的效益评价体系和管理监控指标。创业计划书使得创业者在创业实践中有章可循。

创业计划书通过描绘新创企业的发展前景和成长潜力,使管理层和员工对企业及个人

的未来充满信心，并明确要从事什么项目和活动，从而使大家了解将要充当什么角色，完成什么工作，以及自己是否胜任这些工作。因此，创业计划书对于创业者吸引所需要的人力资源，凝聚人心，具有重要作用。

（三）帮助创业者对外宣传，获得融资

作为一份全方位的项目计划，它对即将展开的创业项目进行可行性分析的过程，也在向风险投资商、银行、客户和供应商宣传拟建的企业及其经营方式，包括企业的产品、营销、市场及人员、制度、管理等各个方面。在一定程度上也是拟建企业对外进行宣传和包装的文件。

第二节 创业计划书的基本结构

准备创业计划方案是一个展望项目的未来前景、细致探索其中的合理思路、确认实施项目所需的各种必要资源、再寻求所需支持的过程，为了更好的执笔创业计划，下面将详述创业计划书的一些基本结构。

一、计划概述

创业计划书中的计划概述是指一个简练的计划以及商业模型的摘要，用来介绍将要创业的商业项目，字数通常在500~1000字之间。

二、公司描述

对将要创办公司的简要介绍和创业构思，包括以下几个方面。

（1）公司的宗旨、理念
（2）公司的名称、公司的结构
（3）公司经营策略

三、产品与服务

用简洁的方式描述产品服务，但是并不需要透露核心技术，主要介绍你的技术、产品的功能、应用领域、市场前景等。

（1）产品与服务，包括产品优势分析以及公司特有的技术描述
（2）公司技术发展环境
（3）产品的研究与开发计划
（4）将来的产品及服务，比如描述下一代产品，并同时说明为将来的消费者提供的更多的服务是什么
（5）产品、服务的售后服务

四、市场策划分析

市场策划分析就是策划分析未来市场的细分与构成。并如何迅速而有效的打入这些市

场，它通常包括以下几个方面。

  （1）　市场描述，比如公司处于怎样的行业、市场、专向补充区域=以及市场的特征
  （2）　目标市场综述
  （3）　销售战略分析
  （4）　销售渠道分析

五、竞争性分析

  竞争性分析就是分析自己企业有哪些明显的优劣势，可以从以下三方面入手。
  （1）　竞争性描述
  （2）　市场进入障碍分析
  （3）　竞争战略策划

六、营销策略和营销

  对于将要创建的公司竞争对手是谁？如何打败竞争对手？将来用怎样的方法来进行产品的销售或服务，它通常包括四个方面。
  （1）　市场营销总体思路
  （2）　销售战略总体策划
  （3）　分销渠道以及合作伙伴描述
  （4）　产品、服务的定价策略

七、财务计划

  对自己公司财务状况的策划，财务计划并不是创业之前所能够涉及的内容，对于创业者来说可以在公司成立之后找专业的会计人员帮助自己进行有针对性的策划，通常可以包括以下几个方面。
  （1）　财务汇总
  （2）　财务年度报表
  （3）　资金需求
  （4）　预计收入报表
  （5）　资产负债预计表
  （6）　现金流量表

八、附录

  附录通常是针对创业计划书的一些补充，创业者可以根据需要简单的列出来，主要包括以下几个方面。
  （1）　公司背景和结构
  （2）　公司团队人员的简历
  （3）　竞争对手的详细资料
  （4）　产品服务客户资料
  （5）　产品服务行业关系表

第三节 创业计划书的内容和写作方法

通过前面章节的描述已经知道，创业计划书将是创业者所写的商业文件中最主要的一个。那么关于创业计划书的内容和写作方法有什么特点呢？

一、计划摘要

计划摘要列在创业计划书的最前面，它是浓缩了的创业计划书的精华。计划摘要涵盖了计划的要点，以求一目了然，以便读者能在最短的时间内评审计划并做出判断。计划摘要一般要有包括以下内容：公司介绍、主要产品和业务范围、市场概貌、营销策略、销售计划、生产管理计划、管理者及其组织、财务计划、资金需求状况等。

在介绍企业时，首先要说明创办新企业的思路，新思想的形成过程以及企业的目标和发展战略。其次，要交待企业现状、过去的背景和企业的经营范围。在这一部分中，要对企业以往的情况做客观的评述，不回避失误。中肯的分析往往更能赢得信任，从而使人容易认同企业的创业计划书。最后，还要介绍一下创业者自己的背景、经历、经验和特长等。企业家的素质对企业的成绩往往起关键性的作用。在这里，企业家应尽量突出自己的优点并表示自己强烈的进取精神，以给投资者留下一个好印象。

在计划摘要中，企业还必须要回答下列问题：
（1）企业所处的行业，企业经营的性质和范围。
（2）企业主要产品的内容。
（3）企业的市场在那里，谁是企业的顾客，他们有哪些需求。
（4）企业的合伙人、投资人是谁。
（5）企业的竞争对手是谁，竞争对手对企业的发展有何影响。

摘要要尽量简明、生动。特别要详细说明自身企业的不同之处以及企业获取成功的市场因素。如果企业家了解他所做的事情，摘要仅需 2 页纸就足够了。如果企业家不了解自己正在做什么，摘要就可能要写 20 页纸以上。因此，有些投资家就依照摘要的长短来"把麦粒从谷壳中挑出来"。

二、产品（服务）介绍

在进行投资项目评估时，投资人最关心的问题之一就是，风险企业的产品、技术或服务能否以及在多大程度上解决现实生活中的问题，或者，风险企业的产品（服务）能否帮助顾客节约开支，增加收入。因此，产品介绍是创业计划书中必不可少的一项内容。通常，产品介绍应包括以下内容：产品的概念、性能及特性；主要介绍产品的市场竞争力产品的研究和开发过程发展新产品的计划和成本分析产品的市场前景预测产品的品牌和专利。在产品（服务）介绍部分，企业家要对产品（服务）作出详细的说明，说明要准确，也要通俗易懂，使不是专业人员的投资者也能明白。一般的，产品介绍都要附上产品原型、照片或其他介绍。一般地，产品介绍必须要回答以下问题：

（1）顾客希望企业的产品能解决什么问题，顾客能从企业的产品中获得什么好处？

（2）企业的产品与竞争对手的产品相比有哪些优缺点，顾客为什么会选择本企业的产品？

（3）企业为自己的产品采取了何种保护措施，企业拥有哪些专利、许可证，或与已申请专利的厂家达成了哪些协议？

（4）为什么企业的产品定价可以使企业产生足够的利润，为什么用户会大批量地购买企业的产品？

（5）企业采用何种方式去改进产品的质量、性能，企业对发展新产品有哪些计划等等。

产品（服务）介绍的内容比较具体，因而写起来相对容易。虽然夸赞自己的产品是推销所必需的，但应该注意，企业所做的每一项承诺都是"一笔债"，都要努力去兑现。要牢记，企业家和投资家所建立的是一种长期合作的伙伴关系。空口许诺，只能得意于一时。如果企业不能兑现承诺，不能偿还债务，企业的信誉必然要受到极大的损害，因而是真正的企业家所不屑为的。

三、人员及组装结构

有了产品之后，创业者第二步要做的就是结成一支有战斗力的管理队伍。企业管理的好坏，直接决定了企业经营风险的大小。而高素质的管理人员和良好的组织结构则是管理好企业的重要保证。因此，风险投资家会特别注重对管理队伍的评估。企业的管理人员应该是互补型的，而且要具有团队精神。一个企业必须要具备负责产品设计与开发、市场营销、生产作业管理、企业理财等方面的专门人才。在创业计划书书中，必须要对主要管理人员加以阐明，介绍他们所具有的能力，他们在本企业中的职务和责任，他们过去的详细经历及背景。此外，在这部分创业计划书书中，还应对公司结构做一简要介绍，包括公司的组织机构图、各部门的功能与责任、各部门的负责人及主要成员、公司的报酬体系、公司的股东名单，包括认股权、比例和特权、公司的董事会成员、各位董事的背景资料。

四、市场预测

当企业要开发一种新产品或向新的市场扩展时，首先就要进行市场预测。如果预测的结果并不乐观，或者预测的可信度让人怀疑，那么投资者就要承担更大的风险，这对多数风险投资家来说都是不可接受的。市场预测首要要对需求进行预测：市场是否存在对这种产品的需求？需求程度是否可以给企业带来所期望的利益？新的市场规模有多大？需求发展的未来趋向及其状态如何？影响需求都有哪些因素。其次，市场预测还要包括对市场竞争的情况——企业所面对的竞争格局进行分析：市场中主要的竞争者有哪些？是否存在有利于本企业产品的市场空档？本企业预计的市场占有率是多少？本企业进入市场会引起竞争者怎样的反应，这些反应对企业会有什么影响？等等。

在创业计划书中，市场预测应包括以下内容：市场现状综述竞争厂商概览；目标顾客和目标市场；本企业产品的市场地位；市场区格和特征等。风险企业对市场的预测应建立在严密、科学的市场调查基础上。风险企业所面对的市场，本来就有更加变幻不定的、难以捉摸的特点。因此，风险企业应尽量扩大收集信息的范围，重视对环境的预测和采用科学的预测手段和方法。创业者应牢记的是，市场预测不是凭空想象出来，对市场错误的认识是企业经营失败的最主要原因之一。

五、营销策略

营销是企业经营中最富挑战性的环节，影响营销策略的主要因素有：
（1）消费者的特点；
（2）产品的特性；
（3）企业自身的状况；
（4）市场环境方面的因素。最终影响营销策略的则是营销成本和营销效益因素。

在创业计划书中，营销策略应包括以下内容：
（1）市场机构和营销渠道的选择；
（2）营销队伍和管理；
（3）促销计划和广告策略；
（4）价格决策。

对创业企业来说，由于产品和企业的知名度低，很难进入其他企业已经稳定的销售渠道中去。因此，企业不得不暂时采取高成本低效益的营销战略，如上门推销，大打商品广告，向批发商和零售商让利，或交给任何愿意经销的企业销售。对发展企业来说，它一方面可以利用原来的销售渠道，另一方面也可以开发新的销售渠道以适应企业的发展。

六、制造计划

创业计划书中的生产制造计划应包括以下内容：产品制造和技术设备现状、新产品投产计划、技术提升和设备更新要求、质量控制和质量改进计划。

在寻求资金的过程中，为了增大企业在投资前的评估价值，创业者应尽量使生产制造计划更加详细、可靠。一般地，生产制造计划应回答以下问题：企业生产制造所需的厂房、设备情况如何；怎样保证新产品在进入规模生产时的稳定性和可靠性；设备的引进和安装情况，谁是供应商；生产线的设计与产品组装是怎样的；供货者的前置期和资源的需求量；生产周期标准的制定；以及生产作业计划的编制；物料需求计划及其保证措施；质量控制的方法是怎样的；相关的其他问题。

七、财务规划

财务规划需要花费较多的精力来做具体分析，其中就包括现金流量表、资产负债表以及损益表的制备。流动资金是企业的生命线，因此企业在初创或扩张时，对流动资金需要有预先周详的计划和进行过程中的严格控制损益表反映的是企业的赢利状况，它是企业在一段时间运作后的经营结果。资产负债表则反映在某一时刻的企业状况，投资者可以用资产负债表中的数据得到的比率指标来衡量企业的经营状况以及可能的投资回报率。

财务规划一般要包括以下内容：
（1）创业计划书的条件假设。
（2）预计的资产负债表、预计的损益表、现金收支分析、资金的来源和使用。

可以这样说，一份创业计划书概括地提出了在筹资过程中创业者需做的事情，而财务规划则是对创业计划书的支持和说明。因此，一份好的财务规划对评估风险企业所需的资金数量，提高风险企业取得资金的可能性是十分关键的。如果财务规划准备的不好，会给投资者以企业管理人员缺乏经验的印象，降低风险企业的评估价值，同时也会增加企业的经营风险，那么如何制订好财务规划呢？这首先要取决于风险企业的远景规划——是为一个新市场创造一个新产品，还是进入一个财务信息较多的已有市场。

着眼于一项新技术或创新产品的创业企业不可能参考现有市场的数据、价格和营销方式。因此，它要自己预测所进入市场的成长速度和可能获得纯利，并把它的设想、管理队伍和财务模型推销给投资者。而准备进入一个已有市场的风险企业则可以很容易地说明整个市场的规模和改进方式。风险企业可以在获得目标市场的信息的基础上，对企业头一年的销售规模进行规划。

企业的财务规划应保证和创业计划书的假设相一致。事实上，财务规划和企业的生产计划、人力资源计划、营销计划等都是密不可分的。要完成财务规划，必须要明确下列问题：

（1）产品在每一个期间的发出量有多大？
（2）什么时候开始产品线扩张？
（3）每件产品的生产费用是多少？
（4）每件产品的定价是多少？
（5）使用什么分销渠道，所预期的成本和利润是多少？
（6）需要雇佣哪几种类型的人？
（7）雇佣何时开始，工资预算是多少？等等。

第九章 创业小型企业

学习目标

- ★ 创建企业有哪些基本步骤。
- ★ 小型企业的营销策略有哪些。
- ★ 小型企业适合怎样的管理策略。
- ★ 创建小型企业需要面对的风险。

在当今世界各国和地区的经济活动中,小型企业已经成为活跃市场的一股重要力量,尤其在地方和区域层面上,小型企业为经济发展提供了广泛的多样性、灵活性和变革的能力。它们不仅是社会经济发展的重要增长点,同时也为社会提供了广泛的就业机会。此外,对创业者个人来说,拥有自己的企业,不仅能够带来丰厚的物质财富,也可以带来精神层面的满足。

第一节 创建小型企业的基本步骤

引例

马班路上的邮差——湖南小伙的服装创业故事

"无知者无畏"、"机遇"、"天道酬勤",总结自己事业上获得的成功,29岁的黄炎强说出了这3个原因。

从17岁毅然离开学校帮家里经营店铺,到20岁带5万元孤身进入广州开服装批发档口,再到22岁在虎门办服装生产厂,如今29岁的黄炎强已经拥有两家工厂、一个服装厂区、近1000名员工,其注册的"霓中依"服装品牌也获得了国家免检产品称号。

"我不懂缝纫,但是我知道衣服是怎么做出来的。"黄炎强说,"想白手起家拥有一份自己的事业,首先是要了解自己所涉及的行业,然后就抓住机遇勇往直前。"

无知者无畏:

"如果不退学,我都可能当上公务员了。"黄炎强笑着说。他没有上高中,而是上了当地公安高等专科学校,用3年时间学习当警官。两年之后,黄炎强退学了,他觉得自己更适合经商。因为平时做事很有想法,家人都支持他的行动。黄炎强决定做服装,与家庭有关。离开学校后,他就帮助母亲打理布匹店,并提出买成衣可能比卖布更有市场的设想,随后他开始帮家里到广州进服装。"当时觉得广州和湖南真的很不同，人们走路都快很多，而且从源头做服装肯定比批发回湖南买更有前景。"黄炎强说。

1998年他带着5万元孤身来到广州。一直到2015年在虎门拥有自己的加工厂，他的经商之路都很顺利。2015年底，黄炎强决定从批发转为专卖，公司一下子从300人激增到800多人。"无知者无畏吧。就觉得这是服装产业发展的一个趋势，早走肯定比晚走好。"黄炎强说。

2015年，这个策略刚开始被执行，人才问题就将他难住了，除此之外，还有成本控制、销售渠道等问题。2015年和2015年，是黄炎强最艰难的时间，即便如此，他也没有想过放弃，而是努力向前走。

机遇

1998年前后，正是服装批发产业的黄金时段，黄炎强刚好在这个时候进军批发市场。"一开始就很顺利，销售逐步上升，只担心货供应不上。"黄炎强告诉记者，"那个时候整体形势特别好，进入的门槛也不是很高。3年后，我积聚了第一桶金。"总是受到缺货的困扰，使他萌发了开一家服装加工厂的想法，但资金问题一直无法解决。这时，一个机遇摆在眼前，长期合作伙伴香港商人陈先生决定回香港发展，出售在大陆的加工厂。黄炎强知道后，和陈先生商谈此事，因为认识多年，陈先生决定把工厂卖给他，并同意他资金可以逐步付清。

2000年，这家在龙眼的只有200多人的工厂成为了黄炎强服装事业的起点。2002年虎门镇实施"百万促名牌"的工程，向广大企业公开承诺，凡是在虎门投资创业，获得全国驰名商标、中国名牌产品的企业奖励100万元，获得国家免检产品奖励30万元，同时还从其他各方面对有实力的企业进行引导和扶持。2003年2月，黄炎强就拍板企业转型，从批发转为专卖，打响自己的品牌。一系列动作出来后，政府主动找到了黄炎强，让他的企业成为当地服装组委会的会员，当时年仅25岁的黄炎强也让虎门政府惊叹。

天道酬勤

在黄炎强的办公桌后面的墙上，是一幅字——天道酬勤，这也是他这么多年事业成功的真实写照。从创业开始，挑服装、设计版样、找客户谈生意，甚至的加工都是他一个人"以前很喜欢资讯，看看别人穿什么衣服、颜色怎么搭配的。"黄炎强说。这样，没学过服装设计的他通过自己摸索、观察，确立了自己做女装针织T恤的定位，后来他批发产品所有的版式都是自己设计的。直到现在，黄炎强到一个地方出差，都会去当地人流聚集的地方观看。

1998年时，黄炎强一个人跑到虎门找厂加工自己设计的产品，打过版后又扛着版型坐大巴去广州和客户谈生意，忙的时候一天要跑好几个来回，最少一天一次，坐大巴的时候还在想各种问题。很多人是生产好了直接过来验货拿货，但黄炎强不是，他在工厂监督工人做服装，一个流程一个流程地看，这也让他从实践中学到了工厂的生产管理，接手陈先生的工厂时，没有任何技术上的问题。"一个合格的老板自己不必要步步都做，但是自己的产品是怎么出来的一定要懂。"黄炎强说。

这么多年来从什么都不懂到学到各种知识，都是靠勤奋得来的，当朋友送给他天道酬勤这幅字时，他感触很深，决定把它挂在办公室里。

想一想黄炎强的成功主要来自那些因素？从他的成功之路能够得到哪些有益的启示？

所谓小企业，通常是指劳动力、劳动手段或劳动对象在企业中集中程度较低，或者生产和交易数量规模较小的企业。创建小企业可以参照一定的步骤，下面具体详解。

一、选择合适的经营项目

创办一个小型企业或公司，第一步就是选择一个合适的创业项目，虽然在前面已经介绍了选择创业项目的方法，但仍需要注意，企业生产或提供的服务必须要有市场需要，旺盛的市场需求是创业成功与否的关键，所以在创业者开业时可以问问以下几个问题。

（1）有顾客是真的需要我们的产品或服务吗？
（2）我们真的能做出顾客需要的产品或服务吗？
（3）在这个项目里，我对竞争对手的了解程度如何？
（4）我是否有自己的独特优势？
（5）我们能做、出让顾客、供应商、合作伙伴、员工甚至自己的公司都能盈利的产品或服务吗？

二、选择合适的经验场所

创业也需要讲究"天时、地利、人和"，简单来说就是企业必须围绕企业的业务中心选择合适的经营场所。比如，商业类企业一般会考虑将企业场所选在离目标顾客群比较近的地方；不需要门店的商务办公场所可以考虑选在合适的写字楼等等。

三、确定企业的名称和标志

企业、公司的名称是企业具有法律主体资格的必要条件，而是每个创业者都想为自己所创办的企业选择一个响亮的名字，为企业取名时，可以考虑以下几个方面。简短明快，既要好听、好叫、好记又要便于书写；含有丰富寓意，能体现企业理念、服务宗旨；具有独特性；具有时代感，让人容易接受。

此外企业名称还应符合国家有关法律规定，应当注意，使用国家规范汉字、不能使用外语、拼音字母以及阿拉伯数字标点符号等；不能含有低级恶俗、有辱人格、国格等字眼；不得随意冠以"国际"、"全国"、"国家"、"世界"、"中华"、"中国"等字眼；不能以行政区划分字号。

企业的徽标即企业 Logo 是企业营销战略的重要组成部分，具备一定战略眼光的创业者在创办企业的最初，会非常注重 Logo 的设计，Logo 的设计通常有以下几种方法。

（1）直接以美术字设计的商业标志，一种方法是运用变体美术字，使其具有艺术效果，并蕴含企业文化的特征；另一种方法是用中国书法及篆刻艺术已进行商标设计；也就是把传统的书法、篆刻运用到现代商标标志的设计中，使其具有现代省标的各种特征。

（2）以美术字的连续组合，用镶嵌、叠加等方式设计商标标志，通过该类方式设计的商标，形式感比较强，富有节奏的美感。

（3）用形象化的汉字构成商业标志。依据其具体的字面结构进行夸张的加工与变形，既表现了出汉字所代表的典型样式，又表现出了造型的趣味性与生动性，给人独特的视觉冲击力和过目不忘的深刻印象。使用这种形象化汉字所设计出的企业标志，既拥有简洁鲜明的艺术魅力，又可以很好地反映商业性的审美情趣和时代特征。

（4）用单字母构成设计的商标标志，该类形式的标记设计通常会采用产品的品牌名称或企业简称的首位字母裱花设计而成。

四、筹措创业资金

在创业资本中最主要的是创业启动资金的筹集，创业资金并不需要一次性募足、只要有了一定的启动资金后既可以开始创建公司了，等到企业启动后，再根据需要逐步筹集企业的发展资金。

五、选购与调试设备

初建企业需要根据市场需要的产品指标要求和自身的财力情况，选择合适的生产设备，尽量使用相对简化或能买得起的设备进行创业起步。像某些使用频率不高的设备，也可以采取租用的方式，甚至一些生产环节也可以采用外包或委托加工的方式进行生产。

在确定正式投产前，需要对设备进行调试和试生产，这样可以检查设备的运行状态、并根据需要调整。

六、确立组织结构和管理制度

创业成功需要各方面的优秀人才，所以创业者在最初就应组织优秀的创业创队，使新创企业从一开始就实施规范化的管理，在组建时除了考虑团队成员的自身能力，还需要考虑各自的志向。

为了有条不紊的开展工作，企业在还没有开始运营前就须考虑确立科学组合结构，在创业前期组织结构越简单越好；同时，建立严格的人力资源管理、财务管理、生产质量管理制度等等，但是需要注意的是，即使严格也要有一定的灵活性。

七、注册

企业法人登记注册事项主要有名称、住所、经营场所、法定代表人、经济性质、经验范围、经营方式、注册资金、从业人数、经营期限等，其实小型企业的注册工作，主要是先到工商管理部门申请办理企业相关手续，再到税务部门办理纳税登记手续，其他手续根据需要再陆续办理即可。

初创企业在进行注册时，需要仔细衡量选择怎样的企业的法律形态，创业者需要根据自己创办的企业的投资性质和规模大小、创业团队的组合情况、所选行业的行业规则、规范情况、开班企业的相关法律、法规，尤其是和税务、工商管理费用等缴交正常规定，决定采取怎样的法律形态为自己的企业注册。初创企业通常采用个体户、个人独资或合伙开办的形式进行注册，因为这样可以减轻税务方面的负担，降低公司的成本。如果企业发展到一定的规模，可以通过企业法律形态变更的方式将公司转化为有限责任公司，这样可以规范企业的经营和运营过程，最大可能的避免触犯法律法规，也降低了个人拆无风险。

八、招聘、培训员工

在公司开业前需要招收第一排员工，并开设员工培训，因为第一排员工将来可能成为公司骨干，需要特别重视，但是作为小公司，应尽量招收熟悉业务的员工。

第二节　小企业基本营销策略

营销是企业的生命线，正确的营销策略可以帮企业迅速的扩大市场份额，为了做出正确的营销策略，首先需要正确的认识产品或服务的生命周期。

一、产品或服务生命周期概念

产品和服务的生命周期通常可分为4个阶段，即投入期、成长期、成熟期、衰退期。

（1）创业者可以通过计算产品或服务的销售增长率，判断该产品的生命周期阶段类型。

计算销售增长率的公式为：销售增长率=（当年销售额—上年销售额）/上年销售额*100%

其判断方法为，由于投入期销售额较低并且增长率不稳定，通常在-10%~10%之间，成长期销售额呈上升趋势，且增长率大于10%；成熟期销售额处于平稳发展趋势，且增长率为-10%到10%之间；衰退期销售额呈现持续下降的趋势，增长率低于-10%，通过该公式，创业者可判断出自己企业或公司最近的产品和服务处于生命周期的哪个阶段。

（2）创业者还可以根据产品或服务周期各个阶段的特点，判断其正处于生命周期的类型。

在市场上销售的产品或服务，在生命周期的不同阶段，顾客的反应程度也是不同的，竞争者的投入热度也会有很大差别，销售量、利润、现金流量等各有不同的表现，认识并掌握这些特征也能制定出准确的营销策略。

二、产品或服务生命各阶段营销策略

任何一种产品或服务在市场上都有一个投入、成长、成熟和衰落的过程。在产品生命周期的不同阶段，存在着不同的市场机会和市场风险，对于任何企业都需要熟悉其产品销售的成长规律，把握产品生命的基本特征，这样才能在激烈的市场竞争中取得优势。

（一）投入期

对市场而言投入期又称为引入期或导入期，投入期的产品服务特点是，产品销量少，促销费用高，制造成本高，销售利润很低甚至为负值。根据这一阶段的特点，一般可以采取以下几种营销策略。

（1）快速撒取战略。即高价格高促销。注意它的假定条件：大部分人没有意识到本产品；知道的人渴望得到该产品并有能力照价付款；公司没有竞争对手。简言之：不知者众，知者急需，没有竞争。

（2）缓慢撒取战略。即高价格低促销。假定条件是：市场有限，已知者众，高价愿买，竞争来缓。

（3）快速渗透战略。即低价格高促销。假定条件是：市场较大，不知新品，价格敏感，竞争强烈，成本下降。

（4）缓慢渗透战略。即低价格低促销。假定条件是：市场较大，产品出名，价格敏感，潜在竞争。

这四种战略各有侧重，一般高促销（或低价格）是争取快速渗透市场，获得更多的份额，而高价格（低促销）是为了获得更多的盈利。

（二）成长期

成长期或称发展期，该产品或服务已被市场所接纳，产品或服务销量迅速增长的时期。营销战略是：进一步提高产品质量；广告促销从介绍产品，提高知名度转到突出特色，建立形象，争创名牌。开辟新的分销渠道，扩大商业网点。在大量生产的基础上，适时降价或采用其他有效的定价策略，吸引更多购买者。

（三）成熟期

产品销售成长率到达某点后放慢或停止，进入成熟阶段。营销战略不外乎增加功能，改进特点，美化新产品等。像国内目前的彩电产品就是处于这种状态。

（四）衰退期

衰退期的主要特点是：产品销售量急剧下降；企业从这种产品中获得的利润很低甚至为零；大量的竞争者退出市场；消费者的消费习惯已发生改变等。面对处于衰退期的产品，企业需要进行认真的研究分析，决定采取什么策略，在什么时间退出市场。

在衰退期，企业的主要任务是尽快退出市场，尽量减少因存货过多给企业造成的亏损。但明确认识到这里存在的危机，采取适当的营销策略，也会取得一定的成功，此时通常会采用的策略是"集中策略"，也就是把资源集中到最有利的市场细分上，最有效的销售渠道上，最容易销售的产品上。

除了产品有自己的生命周期，公司也有自己的生命周期，且企业的审美周期通常与企业所经营的产品和服务同步，所以人们常常也以公司经营的产品和服务的生命周期所处情况来判断公司的生命周期情况。所以创业者在创办自己的企业过程中需要仔细分析自己的产品或服务的生命周期状况，这样才能采用适当的营销策略，把握好企业的命脉。

第三节 小企业的管理策略

良好的管理制度是企业长期保持良好运作的重要保证，创业者在初创期就应该重视企业的制度化、成本利润和风险的管理。

一、小企业组织管理

虽然制度管理早已深入人心，可是许多创业者在自己亲手创建起来的公司里，还是习惯性的"我说了算"，尤其是初创的小型企业对于管理制度的建立，通常都处于"就事论事，来事管事"的状态，并不怎么放在主要日程上，导致企业制度的管理不完善。所以企业在创办初期就应注重制度化的管理策略，这样才可以使每位员工的责任、权力、利益分明，也可以通过制度规范各个职务和环节的运行情况。

根据企业的管理制度可以设置相应的组织机构，企业的组织机构通常分为以下几种，直线制、职能制、直线—职能制、事业部制、矩阵制。现在的企业通常采用直线—职能制，特别是中小企业比较适合采用这一组织机构，所以下面将介绍这一组织结构。

直线—职能制也称为直线参谋制。它可以说是组织机构上的优化组合，充分利用了直线制和职能制的优点，按照企业机能和管理职能划分部门和设置机构，把企业管理和人员飞卫两大类，一类是直线指挥机构和人员，另一类是职能机构和人员。在行政上采用直线管理方便政令的畅通，在职能上作为行政管理的参谋，职能部门可以更多的关注职能范围内的事。

对于创业者新创办的小企业来说，需要比较完善的组织机构设计，但却不需要每个机构都需要专门的人员进行管理，作为建立的企业应该采取合理的人员配置策略，选用素质较高的人才，最好是能兼管某些部门的工作，这样才能提高人力资源的使用效率。

新创企业在选用员工时需要慎重，所谓有德有才、破格录用，千万不要因为亲友、同学等情面，录用一些发挥不了什么作用的工作人员，这样就耽误了整个创业发展了。

二、小企业成本利润管理

作为创业者，并不需要对财经掌握的非常熟练，但掌握一些基础的财经知识在适当的时候还是很有用的。

（一）基本会计原理

创业者在处理会计相关的业务时，必须依据会计原理进行，会计原理的表达式有两种，一种是会计恒等式。

即 资产-负债+所有者权益

资产-负债+所有者权益+收入-支出

另一种是复式分录制度，即企业活动中引起的每一笔交易事项，都以同等借方金额及贷方金额表示。

（二）基本会计报表

（1） 资产负债表

（2） 利润表

（3） 现金流量表

（4） 会计报表附注

（三）成本利润关系

利润=产品销售收入-变动成本-固定成本-贡献毛益-固定成本

贡献毛益=产品收入-变动成本

贡献毛益率=贡献毛益÷销售收入=单位贡献毛益÷单价

（四）保本点计算

产品保本点也可以称为盈亏临界点，可以采用按照实物单位计算和按金额计算来获得，

按照实物单位计算的公式是
保本销售量=固定成本÷（单位产品销售收入-单位产品变动成本）
　　　　=固定成本÷单位贡献毛益
按照金额计算的公式
保本销售额=固定成本÷（1-变动成本÷销售收入）
　　　　=固定成本÷单位贡献毛益

（五）盈利分析

（1）　目标利润=（销售量×销售单价）-（销售量×单位产品变动成本）-固定成本
（2）　预测目标销售量=（固定成本+目标利润）÷（单位售价-单位变动成本）
　　　　　　　　　=（固定成本+目标利润）÷单位贡献毛益

创业者通常有较强的创业观念，但财务管理却不一定强，比如，对创业风险估计不足，所以对风险、收益观念并不清晰；由于尚未开始经营，对资金的时间价值观念理解也并不深入；过于关注尽快获得投资收益，只关注利润的多少，却忽视了现金流量对企业经营发展的直接作用等。所以如果在创业之前先学习一些基本的财经知识，能够更好的掌握企业的经营和发展。

三、小企业风险管理

创业有风险，所以在创业初期就应该制定详细、可行的风险防范措施，比如创业者在制作创业计划时，应该仔细分析新创企业可能会遇到的风险，并设计出对应的解决方案；在实施创业计划的过程中，也要认真检测风险发生的信息，创业者要努力防止危害企业生存、发展的危险事件出现，事件一旦出现，要努力采取相应的措施，将其可能会造成的负面影响、损失将到最低限度，通常新创的小型企业会遇到以下几种风险。

（一）开业风险

小企业开业后，就像新生儿一般，生命力十分脆弱，需要精心的护理。在"开关商店"等屡见不鲜的今天，开业风险是所有企业风险中最早需要面对的，而且往往是导致企业倒闭的根源。

正式开业后，创业者经历了一个从拥有者到项目策划者再到一个实实在在的项目经营者的角色转变，这几种角色各自所需的知识、能力、经验等也各不相同。为了适应这种角色的转变，创业者在开业之前就应做好准备工作，首先在准备办什么样的企业时不要仓促筹办。如果没有足够的资金，决不能开业，无论是自有资本还是借入资本，都有一个保值、增值的问题。在筹办前应该反复思考并验证所办行业的可行性，这里可行性包括市场销售可行性、经营管理的可行性，最重要的则是投资收益率的可行性，即投入资金后至少要几年才能回收。如果创业投入资金是借入资本的话，还有需要考虑利息的问题，即所经营的企业的净利润率必须超过借入资本的利息率，这样才能保证偿债能力和企业的生存和发展。所以再好的项目如果没有好好的准备，也是不能成功的。

（二）市场风险

大多数小企业由于销售不足导致了经营上的失败，通常产生销售不足的主要原因有：

因为偏爱自己的产品导致忽略市场需求；市场调查不充分，以至于缺乏有效的市场营销策略；同行业竞争对手情况分析不足，导致创业成本过高；销售渠道不畅通；必要的配套售后服务体系建立得不够完善、对有关政策和法规了解不充分。

（三）财务风险

新建小企业往往对财务观念比较淡薄，或者因为经营业务较少等原因，并不注重财务管理的规范性，以至于企业在不知不觉中陷入困境、甚至走向失败。正常的财务运转来自于规范的财务管理系统，因此需要重视财务管理制度的建立，准确的掌握自有资金量、资产负债、现金流量、销售增长率、成本利润、贡献毛益以及贡献毛益率等等。

（四）人原风险

新创企业的人员风险主要表现在，没能招到合适的新员工；员工待遇欠缺合理的安排；没有完善奖惩方案；没有进行必要的员工培训；员工论资历排辈；未在员工中形成优秀的企业文化。

（五）乐观风险

新创企业在开业阶段取得了一定的业绩，创业者忘乎所以，过度乐观，殊不知危机正暗流涌动。此时，创业者应该保持头脑清醒、不满足于眼前的成就。进一步研究市场的走向，分析市场占有率，升本的利润情况等，适当把我企业的经营规模扩张的尺度和速度等等。

第四节　茶艺特长生创办足球咖啡馆

莫英桃

女，2010级学前教育专业毕业生
班主任：黄善育老师
创办横县足球咖啡馆

莫英桃，2013年7月毕业于南宁四职校学前教育专业。她在校期间遵守学校规章制度，性格温和，乐观向上。尊敬师长，对人有礼貌，和同学相处融洽，热心帮助同学，关心班级荣誉，做事踏实认真，有较强的责任心，作为班干，有较强的工作能力和组织协调能力，勤奋好学、认真学习专业知识和专业技能，注重理论联系实际，不断提高自己的学习能力及解决问题的能力；她基本功扎实，各方面表现优秀。曾获2011年度校级三好学生，2012年度自治区级三好学生，2012年度广西职业教育新时代刘三姐，2012年度广西壮族自治区优秀学生奖学金，2012年度自治区特长生。茶艺是该生的特长，多次

作为横县茉莉花节的代表进行茶艺表演,并在2012年参加南宁市职工职业技能大赛中荣获"茶艺师"决赛第一名。参加第九届全区中等职业学校"文明风采"竞赛活动中、获征文比赛三等奖,2013年获得"优秀实习生"称号。

毕业后,凭着扎实的基本功她选择了回到横县就业,在两年的工作中,她严格要求自己,虚心向有经验的前辈请教,不断创新学习,积累经验。2015年,喜欢挑战、具有进取心的她,选择自己创业。

她在与别人交往中谈到了"足球馆咖啡酒吧"这个话题,她觉得这是非常新颖的一个创意,这个"足球馆咖啡酒吧"很适合年轻人社交和放松的消费的场所,既能体现出健康生活与潮流时尚的结合,也能带动全民参加体育活动的热情。可以娱乐又可以一边看现场直播的足球比赛,足球馆营业空余时间还可以对中小学校出租的方式来进行足球培训课,可以起到"国足要从小抓起"的理念,毕竟一个小县城的学校场地还是有限的。她觉得这个开店的概念是从健康生活出发,还能给一些来喝酒喝咖啡的消费人群提供一个活跃的场所。于是她立即付出行动。

一、开始计划,进行可行性分析

起初想到这个"足球咖啡馆"的念头是一闪而过的,后来通过对市场信息这方面的搜集,在市场上类似于这种风格的足球咖啡馆在娱乐餐饮行业中的类型是非常少有的,相对于年轻的消费群体来说是一个非常时尚,健康的消费场所。

通过对市场信息的搜集、调查、预测得出较为准确的综合市场分析。筹备之前一定对包含市场前景、进货渠道等一切因素在内的综合市场调查分析,包含对咖啡馆的经营方向、目标、消费群、酒水的价格等进行了定位。

因为这是足球场地和咖啡馆结合起来的一个运动休闲的、较大的场所,所以投入资金相对较大,这就需要寻找位志同道合的好友一起成为合伙人。

二、酒吧选址

这是一个场地需求较大的场所,所以在县城里是没有地段可供应的。如果说开咖啡馆,大家一定想到最佳的理想之地"酒吧一条街"。但是它里面还包含一个小型足球馆。这是只好把地点选在了县城汽车站的附近的一个室内场地,对于餐饮休闲行业来说应该算是一个小打击,但值得庆幸的是即使地方有点偏,可是停车位的宽松对于我们来说也是一个安慰。在这如此地段的情况下,装修一定要要特色,产品更有个性,这样才能够有久远的立足之地。

三、开业

在落实位置之后,接下来就是足球馆的设计和咖啡馆的装修设备和管理服务及工作安排了。

(1) 咖啡馆的装修因服务的功能大小不同,它的外观和内部结构及装修也不一样,一定要体现自己的风格和独特的情调。配置要到位,杯子种类充足齐全,并与咖啡馆风格、经营主题相符。大规模装修完成后,接下来就要解决管理和服务人员的工作安排对外招工进行培训，根据咖啡馆的工作和营业状况来配备值班人员。

（2）足球馆的设计也是有限的，不能按照正规的足球场去设计，所以只能在室内的两侧做两个小场，经过市场的考察和价格的分析，决定在市里请来一支专业的人造草坪足球场施工队，开始进行施工，对咖啡馆来说足球场的建设相对就简单一些。

从计划、施工建造到球场完工的两个多月的时间，经过申办消防、工商、卫生、税务等部门通过，拿到了经营许可证和营业执照后，足球场终于在2015年6月1日正式营业，咖啡馆也于2015年8月1日开业。足球咖啡馆的总合伙投入80万。

足球咖啡馆的开业吸引了越来越多的年轻人及热爱生活足球运动人群的青睐，室内球馆的好处是不管刮风下雨都能如愿的进行球赛运动。现在来娱乐放松的年轻人不仅是为喝咖啡、喝酒而来，有的还是为了一场激烈的现场直播球赛的盛宴而来，"足球馆咖啡酒吧"开业后的表现验证了最初理念，呈现出来的风格体现出健康生活与潮流时尚的结合。

创业过程中总会碰到一些困难，如创业资金的筹措、还有起步运转的困难，她觉得创业必须有一个好的预算和策划，但真正做到这一点并不容易。足球馆和咖啡馆的营业就像一个冷热交替的过程。夏天对于室内足球馆来说也是一个打击，天气闷热和通风不足的原因，引起了消费者的不满，出现了生意冷淡的局面，由于经验不足，欠缺了对季节的考虑，没有完善好各方面的准备。她通过对消费者的调查，找出不足的地方，再进行了整改。

尽管遇到挫折，但她对工作充满了热情与责任感。"踏踏实实做人，认认真真做事"是她信奉的格言及做事的准则。她坚信，只要不断努力，她的创业之路会越走越好、越走越远。

附录 A　职业兴趣测试

请你仔细阅读下面的问题，对于每项活动，如果你的回答是肯定的话，则在"是"一栏中打勾；如果你的回答是否定的话，则在"否"一栏中打勾。最后把"是"一栏的回答次数相加，填入"总计次数"一栏中。

测试内容如下。

第一组

（1）你喜欢自己动手修理收音机、自行车、缝纫机、钟表和电线开关一类器具吗？是　否

（2）你对自己家里使用的电扇、电熨斗及缝纫机等器具的质量和性能了解吗？是　否

（3）你喜欢动手做小型的模型（诸如滑翔机、汽车、轮船及建筑模型等）吗？是　否

（4）你喜欢与数字及图表打交道（诸如记账、制表及制图）一类的工作吗？是　否

（5）你喜欢制作工艺品、装饰品和衣服吗？是　否

总计次数：

第二组

（1）你喜欢给别人买东西当顾问吗？是　否

（2）你热衷于参加集体活动吗？是　否

（3）你喜欢接触不同类型的人吗？是　否

（4）你喜欢拜访别人，并与人讨论各种问题吗？是　否

（5）你喜欢在会议上积极发言吗？是　否

总计次数：

第三组

（1）你喜欢没有干扰并有规则地从事日常工作吗？是　否

（2）你喜欢对任何事情都预先做周密的安排吗？是　否

（3）你善于查阅字典、辞典和资料索引吗？是　否

（4）你喜欢按固定的程序有条不紊地工作吗？是　否

（5）你喜欢把事物分类和归档的工作吗？是　否

总计次数：

第四组

（1）你喜欢倾听别人的难处并乐于帮助别人解决困难吗？是　否

（2）你愿意为残疾人服务吗？是　否

（3）在日常生活中，你愿给人们提供帮助吗？是　否

（4）你喜欢向别人传授知识和经验吗？是　否

（5）你喜欢防病治病和照顾病人的工作吗？是 否

总计次数：

第五组

（1）你喜欢主持班级集体活动吗？是 否

（2）你喜欢接近领导和老师吗？是 否

（3）你喜欢在人多时当众发表自己的观点和意见吗？是 否

（4）如果老师不在时，你能主动维持班里学习和生活的正常秩序吗？是 否

（5）你具有强烈的责任感和工作魄力吗？是 否

总计次数：

第六组

（1）你特别爱读文学著作中对人内心世界的细致描写吗？是 否

（2）你喜欢听人们谈论他们的活动和想法吗？是 否

（3）你喜欢观察和研究人的心理和行为吗？是 否

（4）你喜欢阅读有关领导人物、政治家和科学家等名人传记吗？是 否

（5）你很想了解世界各国的政治和经济制度吗？是 否

总计次数：

第七组

（1）你喜欢参观技术展览会或收听（收看）技术新消息的节目吗？是 否

（2）你喜欢阅读科技杂志（诸如《我们爱科学》、《科学 24 小时》和《科学动态》吗？是 否

（3）你想了解生机勃勃的大自然的奥秘吗？是 否

（4）你想了解使用科学精密仪器和电子仪器的工作吗？是 否

（5）你喜欢复杂的绘图和设计工作吗？是 否

总计次数：

第八组

（1）你想设计一种新的发型或服装吗？是 否

（2）你喜欢创作画吗？是 否

（3）你尝试着写小说或编剧本吗？是 否

（4）你很想参加学校宣传队或演出小组吗？是 否

（5）你爱用新方法和新途径来解决问题吗？是 否

总计次数：

第九组

（1）你喜欢操作机器吗？是 否

（2）你很羡慕机械类工程师的工作吗？是 否

（3）你想了解机器的构造和工作性能吗？是 否

（4）你喜欢交通驾驶一类的工作吗？是 否

（5）你喜欢参观和研究新的机器设备吗？是 否

总计次数：

第十组

（1）你喜欢从事具体的工作吗？是 否
（2）你喜欢做很快就看到产品的工作吗？是 否
（3）你喜欢做让别人看到效果的工作吗？是 否
（4）你喜欢做那种时间短，但可以做得很好的工作吗？是 否
（5）你喜欢做有形的事情（诸如编织和烧饭等）而不喜欢抽象的活动吗？是 否

总计次数：

统计方法如下。

将每组问题回答"是"的总次数分别统计出来。

通过上组训练，找出你的兴趣类型，在答"是"的总次数一栏中，得分越高，相应的兴趣类型就越符合你的职业兴趣特点；得分越低，相应的兴趣类型越不符合你的职业兴趣的特点。然后对照各种兴趣类型所对应的职业，给你的职业生涯定位。

兴趣类型与相对应的职业

兴趣类型1：愿与事物打交道。

这类人喜欢同事物打交道（比如工具、器具或数字等），而不喜欢从事与人和动物打交道的职业。相应的职业有制图员、修理工、裁缝、木匠、建筑工、出纳员、记账员和会计等。

兴趣类型2：愿与人接触。

这类人喜欢与他人接触的工作，他们喜欢销售、采访和传递信息一类的活动。相应的职业有记者、营业员、服务员和推销员等。

兴趣类型3：愿干有规律的工作。

这类人喜欢常规并有规律的活动，在预先安排的条件下做细致工作。相应的职业有邮件分拣员、图书馆管理员、办公室职员、档案管理员、打字员和统计员等。

兴趣类型4：愿从事社会福利和助人的工作。

这类人乐意帮助别人，试图改善他人的状况，喜欢独自与人接触。相应的职业有医生、律师、护士和咨询人员等。

兴趣类型5：愿做领导和组织工作。

这类人喜欢管理工作，爱好掌握一些事情，他们在企事业单位中起着重要的作用。相应的职业有辅导员、行政人员和管理人员等。

兴趣类型6：愿研究人的行为。

这类人喜欢谈论涉及到人的主题，他们爱研究人的行为举止和心理动态。相应的专业有心理学、政治学、人类学等。

兴趣类型7：愿从事科学技术事业。

这类人喜欢分析、推理和测试的活动，长于理论分析，喜欢独立解决问题，也喜欢通过实验获得新发现。相应的专业有生物、化学、工程学和物理学等。

兴趣类型8：愿从事抽象性和创造性的工作。

这类人喜爱需要有想象力和创造力的工作，爱创造新的式样和概念。相应的职业有演员、创作人员、设计人员和画家等。

兴趣类型 9：愿做操作机器的技术工作。

这些人喜欢运用一定的技术操作各种机械，制造产品或完成其他任务。相应的职业有机床工、驾驶员和飞行员等。

兴趣类型 10：愿从事具体的工作。

这类人喜欢制作看得见并摸得着的产品，希望很快看到自己的劳动成果，他们从完成的产品中得到自我满足。相应的职业有厨师、园林工、理发师、美容师、室内装饰工、农民和工人等。

附录 B 职业生涯规划的实际操作

1. 职业生涯自我诊断

自我分析

个人部分	健康情形	身体是否有病痛？是否有不良的生活习惯？是否有影响健康的活动？生活是否正常？有没有养生之道
	自我充实	是否有专长？经常阅读和收集资料吗？是否正在培养其他技能
	休闲管理	是否有固定的休闲活动？有助于身心和工作吗？是否有休闲计划
事业部分	财富所得	薪资多少？有储蓄吗？有动产和有价证券吗？有不动产吗？价值多少？有外块吗
	社会阶层	现在的职位是什么？还有升迁的机会吗？是否有升迁的准备呢？内外在的人际关系如何
	自我实现	喜欢现在的工作吗？理由是什么？有完成人生理想的准备吗
家庭部分	生活品质	居家环境如何？有没有计划换房子？家庭的布置和设备如何？有心灵或精神文化的生活吗？小孩、夫妻和父母有学习计划吗
	家庭关系	夫妻和谐吗？是否拥有共同的发展目标？是否有共同或个别的创业计划？父母、子女与父母、与公婆、与姑叔、与岳丈家的关系如何？是否常与家人相处、沟通、活动和旅游
	家人健康	家里有小孩吗？小孩多大？健康吗？需要托人照顾吗？配偶的健康如何？家里有老人吗？有需要你照顾的家人吗

环境分析

友伴条件	朋友要多量化、多样化并有能力
行业条件	注意社会当前及未来需要的行业
企业条件	公司有改革计划吗？公司需要什么人才？
地区条件	视行业和企业而定
社会	注意政治、法律、经济、社会与文化、教育等条件，以及社会的特性和潜在的市场条件

关键成就因素分析

人脉	家族关系、姻亲关系、同事（同学）关系和社会关系的沟通与自我推销
金脉	薪资、有价证券、基金、外币、定期存款、财产（动产与不动产）、信用（与为人和职位有关）储蓄、理财有方、夫妻合作、努力工作提高自己的能力条件及职位
知脉	知识力、技术力、咨讯力、企划力、预测（洞察）力、敏锐力、做好时间管理、安排学习计划、上课、听讲座、进修、组织内轮调、多做事、反复练习、经常做笔记和模拟计划

关键问题分析

问题发生的领域	是家庭问题、自我问题，还是工作问题，或是其中二者或三者的共同作用
问题的难度	是否学习新技能？是否需要全神贯注？是否需个人改变态度与价值观
自己与组织的相互配合情况	自己是否做出贡献？是否学会在组织内部适合自己的职业领域中发挥专长？和其他组织人员的团结协作怎样？组织对自己的职业生涯设计和自己制定的职业生涯规划是否冲突等

2. 诊断的方法

诊断方法体系

方　　式	评 价 者	评价内容	评价标准
自我评价	本人	1. 自己的才能是否充分施展；2. 对自己在企业发展及社会进步中所做的贡献是否满意；3. 对自己的职称、职务、工资待遇等方面的变化是否满意；4. 对处理职业生涯发展与其他人生活动的关系的结果是否满意	根据个人的价值观念及个人的知识、水平和能力
家庭评价	父母、配偶及子女等家庭成员	1. 是否能够理解和肯定；2. 是否能够给予支持和帮助	根据家庭文化
企业评价	上级、平级及下级	1. 是否有下级及平级同事的赞赏；2. 是否有上级的肯定和表彰；3. 是否有职称、职务的晋升或相同职务责权利范围的扩大；4. 是否有工资待遇的提高	根据企业文化及其总体经营结果
社会评价	社会舆论社会组织	1. 是否有社会舆论的支持和好评；2. 是否有社会组织的承认和奖励	根据社会文化

常用的6种诊断工具

工 具 名 称	具 体 方 法
自我访谈记录	给每人发一份提纲，其中有11道问及他们自己的情况，要他们提供有关自己生活（人、地和事件）、他们经历过的转折，以及未来的设想，并让他们在小组中互相讨论。这篇自传摘要体裁的文件将成为随后自我分析所依据的主要材料
斯特朗－坎贝尔个人兴趣调查问卷	填答这份包含有325项的问卷后，就能据此确定他们对职业、专业领域及交往的人物类型等的喜恶倾向，为每人与各种不同职业中成功人物的兴趣进行比较提供依据
奥尔波特－弗农－林赛价值观问卷	此问卷中列有多种相互矛盾的价值观，每人需对之做出45种选择，从而测定这些参加者对多种不同的关于理论、经济、美学、社会、政治及宗教价值接受和同意的相对强度
24小时活动日记	参加者要把一个工作日及一个非工作日全天的活动如实而无遗漏地记下来，用来对照其他来源所获得的同类信息是否一致或相反
"重要人物"访谈记录	每位参加者要对自己的配偶、朋友、亲戚、同事或其他重要人物中的两个人，就自己的情况提出一些问题，看看这些旁观者对自己的看法。这两次访谈过程需要录音
生活方式描述	每位参加者都要用文字、照片、图或他们选择的任何其他手段，把自己的生活方式描绘一番

3. 确定职业生涯发展目标的方法

决定个人选择何种职业有6种基本的"人格性向"（实际上每个人不是只包含有一种职业性向，而是可能几种职业性向的混合），这种性向越相似，则一个人在选择职业时面临的内在冲突和犹豫就越少。

6种基本的"人格性向"

性向分类	特征与适合职业
实际性向	具有这种性向的人会被吸引从事那些包含体力活动并且需要一定技巧、力量和协调的职业，如森林工人及运动员
调研性向	具有这种性向的人会被吸引从事那些包含较多认知活动的职业，而不是主要以感知活动为主的职业，如生物学家和大学教授

(续表)

性向分类	特征与适合职业
社会性向	具有这种性向的人会被吸引从事那些包含着大量人际交往活动的职业，而不是那些有大量智力活动或体力活动的职业，如心理医生和外交人员
常规性向	具有这种性向的人会被吸引从事那些包含大量结构性和规则性的职业，如会计和银行职员
企业性向	具有这种性向的人会被吸引从事那些包含大量以影响他人为目的语言活动的职业，如管理人员及律师
艺术性向	具有这种性向的人会被吸引从事那些包含大量自我表现、艺术创造、情感表达和个性化的职业，如艺术家及广告创意人员

确定职业生涯的成功标准——职业锚

A. 职业锚类型	技术职能型职业锚：有特有的职业工作追求、需要和价值观，表现的特征为强调实际技术或某项职能业务工作。技术职能能力锚的雇员热爱自己的专业技术或职能工作，注重个人专业技能发展，一般多从事工程技术、营销、财务分析、系统分析和企业计划等工作
	管理职能型职业锚：愿意担负管理责任，且责任越大越好，这是管理能力型职业锚雇员的追逐目标。他们与不喜欢，甚至惧怕全面管理的技术职能锚的人不同，倾心于全面管理，掌握更大权力，肩负更大责任。具体的技术工作或职能工作仅仅被看做是通向更高、更全面管理层的必经之路。他们从事一个或几个技术职能区工作，只是为了更好地展现自己的能力，是握取专职管理权之必需
	创造型职业锚：在某种程度上，创造型锚同其他类型职业锚有重叠。追求创造型锚的人要求有自主权、管理能力，能施展自己的才干。但是这些不是他们的主要动机及主价值观，创造才是他们的主要动机和价值观
	安全型职业锚：职业的稳定和安全是这一类职业锚雇员的追求、驱动力和价值观。他们的安全取向主要为两类，一种是追求职业安全，稳定源和安全源主要是一个给定组织中的稳定的成员资格。例如大公司组织安全性高，其成员稳定系数高；另一种注重情感的安全稳定，包括一种定居，使家庭稳定和使自己融入团队的感情
	自主型职业锚又称为独立型职业锚：最大限度地摆脱组织约束，追求能施展个人职业能力的工作环境。以自主和独立为锚位的人认为，组织生活太限制人，是非理性的，甚至侵犯个人私生活。他们追求自由自在、不受约束或少受约束的工作生活环境
B. 职业锚评价	（1）你在高中时期主要对哪些领域比较感兴趣（如果有的话）？为什么对这些领域感兴趣？你对这些领域的感受是怎样的
	（2）你在大学时期主要对哪些领域比较感兴趣？为什么会对这些领域感兴趣？你对这些领域的感受是怎样的
	（3）你毕业之后所从事的第一种工作是什么？你期望从这种工作中得到些什么
	（4）当你开始自己的职业生涯的时候，你的抱负或长期目标是什么？这种抱负或长期目标是否曾经出现过变化？如果有，那么是在什么时候？为什么会变化
	（5）你第一次换工作或换公司的情况是怎样的？你指望下一个工作能给你带来什么
	（6）你后来换工作、换公司或换职业的情况是怎样的？你怎么会做出变动决定？你所追求的是什么？（请根据你每一次更换工作、公司或职业的情况来回答这几个问题）
	（7）当你回首自己的职业经历时，你觉得最令自己感到愉快的是哪些时候？你认为这些时候的什么东西最令你感到愉快
	（8）当你回首自己的职业经历时，你觉得最让自己感到不愉快的是哪些时候？你认为这些时候的什么东西最令你感到不愉快
	（9）你是否曾经拒绝过从事某种工作的机会或晋升机会？为什么

现在请你仔细检查自己的所有答案，并认真阅读以上关于五种职业锚（管理型、技术

职能型、安全型、创造型及自主（又称独立）型的描述。根据你对上述这些问题的回答，分别将每一种职业锚赋予从 1~5 之间的某一分数（1 代表重要性最低，5 代表重要性最高）。

职业满意问卷

(1) 你工作时看表吗？
  A. 不断地看（1 分）
  B. 不忙的时候看（3 分）
  C. 不看（5 分）

(2) 星期一早晨你怎么做？
  A. 你愿意回到单位去（5 分）
  B. 你渴望摔伤腿而住进医院（1 分）
  C. 开始觉得勉强，过一会就想回到单位去上班（3 分）

(3) 一天快结束时，你感觉如何？
  A. 疲惫不堪，全身不舒服（3 分）
  B. 为能维持生活而感到高兴（1 分）
  C. 有时感到累，但通常很满足（5 分）

(4) 对自己的工作忧虑吗？
  A. 偶尔（5 分）
  B. 从来没有（3 分）
  C. 经常（1 分）

(5) 你认为你的工作适合自己吗？
  A. 对你来说是大材小用（1 分）
  B. 使你很难胜任（3 分）
  C. 从没想过要做这份工作（5 分）

(6) 你对自己的工作满意吗？
  A. 不讨厌（5 分）
  B. 感兴趣，但有困难（3 分）
  C. 厌烦（1 分）

(7) 你用多少时间打电话或做些与工作无关的事？
  A. 很少一点时间（5 分）
  B. 在个人生活遇到麻烦时用一些（3 分）
  C. 很多时间（1 分）

(8) 你想换个职业吗？
  A. 不太想（5 分）
  B. 不想，但想在本职业中找个好位置（3 分）
  C. 想（1 分）

(9) 你觉得自己的能力如何？
  A. 你总是很有能力（5 分）

　　　　B. 你有时很有才能 （3分）
　　　　C. 你总是没有能力 （1分）
　（10）你认为你自己和同事的关系如何？
　　　　A. 喜欢并尊重同事 （5分）
　　　　B. 不喜欢同事 （3分）
　　　　C. 和你的同事比差不多 （1分）
　（11）哪种情况同你最相符？
　　　　A. 不想再钻研有关工作的知识 （1分）
　　　　B. 开始工作时很喜欢学习 （3分）
　　　　C. 愿再学点有关工作的知识 （5分）
　（12）你具有哪些个性特点？你认为工作需要什么？（两问每重叠一项计5分，不重叠计2分）
　　　　A. 专心
　　　　B. 幽默
　　　　C. 体力好
　　　　D. 思维敏捷
　　　　E. 好创新
　　　　F. 镇定
　　　　G. 记忆力好
　　　　H. 有魅力
　（13）你最赞成以下哪种说法？
　　　　A. 工作即赚钱谋生 （1分）
　　　　B. 主要为赚钱，如有条件希望能做令人满意的工作（3分）
　　　　C. 工作即生活 （5分）
　（14）工作加班吗？
　　　　A. 如果付加班费，就加班 （3分）
　　　　B. 从不加班 （1分）
　　　　C. 经常加班，没有加班费也如此 （5分）
　（15）除假日或病假，你是否缺勤？
　　　　A. 一点也没有 （5分）
　　　　B. 仅仅几天 （3分）
　　　　C. 经常缺 （1分）
　（16）你对自己的工作的劲头如何？
　　　　A. 劲头十足 （5分）
　　　　B. 没有劲头 （1分）
　　　　C. 一般化 （3分）
　（17）你认为你的同事们：
　　　　A. 喜欢你 （5分）
　　　　B. 不喜欢你 （1分）

C. 一般化 （3分）

(18) 你和谁谈论关于工作上的事？
　　A. 只与同事谈论 （3分）
　　B. 同家里人和朋友谈 （5分）
　　C. 尽量少谈或不谈 （1分）

(19) 你经常患小病或说不清的病吗？
　　A. 难得患一次 （5分）
　　B. 不经常患 （3分）
　　C. 经常患 （1分）

(20) 目前的工作你是怎样选择的？
　　A. 父母或老师帮忙决定的 （3分）
　　B. 你惟一能找到的 （1分）
　　C. 当时觉得很合适 （5分）

(21) 当家庭与工作矛盾时，哪方取胜？
　　A. 家庭一方 （1分）
　　B. 工作一方 （5分）
　　C. 根据具体情况而定 （3分）

(22) 如果少付三分之一工资，你还愿做这份工作吗？
　　A. 愿意 （5分）
　　B. 内心愿意，但负担不了家庭，只好放弃 （3分）
　　C. 不愿意 （1分）

(23) 如果你被迫离开工作，你最想念什么？
　　A. 钱 （1分）
　　B. 工作本身 （5分）
　　C. 工作单位 （3分）

(24) 你会为了消遣一天而请一天事假吗？
　　A. 会 （1分）
　　B. 不会 （5分）
　　C. 如果工作不忙，可能会 （3分）

(25) 你觉得自己在工作中不受赏识吗？
　　A. 偶尔觉得 （3分）
　　B. 经常觉得 （1分）
　　C. 很少觉得 （5分）

(26) 你最不喜欢你职业的哪方面？
　　A. 时间太死板 （3分）
　　B. 乏味 （1分）
　　C. 不能按自己的想法做 （5分）

(27) 你爱人认为你把个人生活与工作分开吗？
　　A. 严格分开 （1分）

B. 时常分开，但也有不分开之处 （3分）

C. 完全没分开 （5分）

（28） 你建议自己的孩子将来做你的职业吗？

A. 是的，如果他有能力并且合适 （5分）

B. 警告他不要做 （1分）

C. 随孩子的便 （3分）

（29） 如果你有了一大笔钱，你会怎样？

A. 辞职，再也不干工作了 （1分）

B. 找一个你一直想找的职业 （3分）

C. 继续做现在的工作 （5分）

测试结果倾向如下。

30分～40分：极不满意自己的职业。毫无疑问，没有必要再干下去。如果你还年轻，应立即鼓足勇气去寻找令你满意的工作。

41分～56分：不满意自己的职业。有可能你选错了职业，也有可能自己估计太高，因而产生失落感，工作的热情总是调动不起来。

57分～99分：比较满意自己的职业。觉得工作环境挺好，同事也不错，有被提拔的机会，但你不一定喜欢艰苦的领导职务。

100分～124分：非常满意自己的职业。工作对你十分重要，对工作有高度的责任感。你是工作中的成功者和愉快者。

125分以上：你的职业已使你产生了变态心理。工作成了一切生活的需要，除此之外，你认为世界上任何事物都不复存在了，要警惕！

4. **管理人员能力的评价**

管理能力的结构

第一级	在执行管理工作时，直接需要的能力	目标设定力 计划化力/组织化力 统制力	经由实践过程中可以学习到的领域
第二级	支持第一级的能力	战略的思考力 创造力/洞察力 协调力 解决问题能力等	
第三级	要培养第一和二级能力所必要的知识技能	与管理有关的知识和方法，有关本公司和本部门的知识等	OFFJT 所需要的领域
第四级	管理人员必备的人格特性	积极性、感情的安定性 自发性和责任感等	经由 OJT-OFFJT 可能改变的领域
		行动性和持续性等	很难改变的领域

注1：OFFJT 的英文词是"off the job training"，意思是"离开工作和工作现场，由企业内外的专家和教师，对企业内各类人员进行的集中教育培训"。

注2：ojt 的英文词是 on the job training，在职训练，是指管理人员透过工作或与工作有关的事情来进行培养部属的活动。

不同人员需要的管理能力

顺位	初级管理人员	中级管理人员	高级管理人员
1	业务知识/技能	领导统御力	领导统御力
2	统御力	企划力	先见性
3	积极性（行动力）	业务知识/技能	谈判力
4	谈判力	谈判力	领导魅力
5	企划力	先见性	企划力
6	指导培养部属能力	判断力	决断力
7	创造力	创造力	创造力
8	理解和判断力	积极性	管理知识和能力
9	管理实践能力	对外和调整力	组织革新力
10	发掘、解决问题能力	领导魅力	判断力

管理人员能力的评价

能力分类	能力要求	个人能力程度	得分
分析能力	有能力对一个形势或工作的组成因素进行论证，并能分析出其中的连接关系	1. 较差 2. 一般 3. 良好	
综合能力	有能力将不同的组成部分综合在一起，并对其优势成分进行论证说明	1. 较差 2. 一般 3. 良好	
预测能力	有前瞻能力，有远见，并有能力制定战略性计划，组织先行工作	1. 较差 2. 一般 3. 良好	
决策能力	有根据不全面的信息分析、评价、选择并做出最终决策和承担风险的能力	1. 较差 2. 一般 3. 良好	
规划能力	有能力对所定目标进行论证说明，确定重点，制定行动计划，最终达到目的	1. 较差 2. 一般 3. 良好	
领导能力	有能力确定目标，让人接受一种观点、一个方案，或一项行动计划。进行组织落实，确定检验标准及范围，并有能力对工作进行追踪	1. 较差 2. 一般 3. 良好	
组织能力	有能力设计一个组织机构，制定目标、工作方法和相关制度，并组织实施	1. 较差 2. 一般 3. 良好	
落实能力	具有正确传达上级指示、核定行动计划并制定具体的落实方案的能力	1. 较差 2. 一般 3. 良好	
先行活动能力	有能力明确制定工作目标，并有能力创造实现工作目标的各种条件	1. 较差 2. 一般 3. 良好	
授权能力	有能力将一项具体的任务授权给另一位同事或下属完成	1. 较差 2. 一般 3. 良好	
参与能力	有能力参与到相关工作中	1. 较差 2. 一般 3. 良好	
沟通能力	有能力说明自己的意见，观察别人的反映。并倾听别人的意见，对其意见进行整理，做好协调统一工作	1. 较差 2. 一般 3. 良好	
适应能力	在变化的形势中，面对不同的对手，仍能把握住方向，创造巨大的效益	1. 较差 2. 一般 3. 良好	
谈判能力	身处冲突的形势环境中有能力论证自己的意见，分析对方的观点，并找到协调的方法	1. 较差 2. 一般 3. 良好	
坚持能力	尽管存在困难和障碍，但有能力落实一项长期的计划	1. 较差 2. 一般 3. 良好	
责任能力	全身心地投入落实所定目标的工作中，以独立的意识面对形势，具有行使权利及独立管理自己工作范围的能力	1. 较差 2. 一般 3. 良好	

(续表)

能力分类	能力要求	个人能力程度	得　分
创新能力	有能力结合实际想象出新的解决问题的办法	1. 较差 2. 一般 3. 良好	
检验能力	有能力对工作结果进行评价，检验其是否与预期需达到的目标的要求相符，并具有传达评价、更正或弥补工作结果与目标之间差距的能力	1. 较差 2. 一般 3. 良好	
伦理能力	有自觉按照正确的伦理观念处理企业内外部各方面利益关系的能力	1. 较差 2. 一般 3. 良好	
情绪控制能力	了解自己和他人的情绪，有能力控制自己和他人的不良或极端的情绪	1. 较差 2. 一般 3. 良好	
激励能力	有在挫折或平凡中使自己和他人保持积极性的能力	1. 较差 2. 一般 3. 良好	
学习能力	有根据工作要求主动向书本、向他人和向自己学习的能力	1. 较差 2. 一般 3. 良好	

5. 职业生涯设计的评估与修订

分析基准	（1）我的人生价值是什么？ （2）环境是否有利于我成长？ （3）成长最大的障碍在哪里？ （4）我现有的技能和条件有哪些
目标与标准	（1）我处于职业生涯哪一阶段，这一阶段有何特点？ （2）可行的生涯方向是什么，为什么这个目标对我而言是最可能的目标？ （3）如何判断自己的成功
生涯策略	（1）职业生涯发展内部路线与外部路线是什么？ （2）如何进行相应的角色转换？ （3）如何进行相应的能力转换？ （4）对我而言还有什么不能解决的问题
生涯行动计划	（1）执行计划是否做到从长期计划—年度计划—月计划—周计划—日计划的分解？ （2）将分别在何时进行上述每一行动计划？ （3）有哪些人将会/应当加入此一行动计划
生涯考核	（1）你什么做得好？什么做得不好？ （2）你还需要什么？是需要学习？扩大权力？还是需要增加经验？ （3）怎样应用你的培训成果？你拥有什么资源？ （4）你现在应该停止做什么？开始干什么？培训和准备的时间如何安排
生涯修正	（1）职业的重新选择 （2）职业生涯路线的重新选择 （3）人生目标的修正 （4）实施措施与计划的变更等

附录 C　中华人民共和国劳动法

根据宪法，制定《中华人民共和国劳动法》，1994 年 7 月 5 日第八届全国人民代表大会常务委员会第八次会议通过，自 1995 年 1 月 1 日起施行。

2009 年 8 月 27 日第十一届全国人民代表大会常务委员会第十次会议通过《全国人民代表大会常务委员会关于修改部分法律的决定》，自公布之日起施行。

总则

第一条　为了保护劳动者的合法权益，调整劳动关系，建立和维护适应社会主义市场经济的劳动制度，促进经济发展和社会进步，根据宪法，制定本法。

第二条　在中华人民共和国境内的企业、个体经济组织（以下统称用人单位）和与之形成劳动关系的劳动者，适用本法。

国家机关、事业组织、社会团体和与之建立劳动合同关系的劳动者，依照本法执行。

第三条　劳动者享有平等就业和选择职业的权利、取得劳动报酬的权利、休息休假的权利、获得劳动安全卫生保护的权利、接受职业技能培训的权利、享受社会保险和福利的权利、提请劳动争议处理的权利以及法律规定的其他劳动权利。

劳动者应当完成劳动任务，提高职业技能，执行劳动安全卫生规程，遵守劳动纪律和职业道德。

第四条　用人单位应当依法建立和完善规章制度，保障劳动者享有劳动权利和履行劳动义务。

第五条　国家采取各种措施，促进劳动就业，发展职业教育，制定劳动标准，调节社会收入，完善社会保险，协调劳动关系，逐步提高劳动者的生活水平。

第六条　国家提倡劳动者参加社会义务劳动，开展劳动竞赛和合理化建议活动，鼓励和保护劳动者进行科学研究、技术革新和发明创造，表彰和奖励劳动模范和先进工作者。

第七条　劳动者有权依法参加和组织工会。

工会代表和维护劳动者的合法权益，依法独立自主地开展活动。

第八条　劳动者依照法律规定，通过职工大会、职工代表大会或者其他形式，参与民主管理或者就保护劳动者合法权益与用人单位进行平等协商。

第九条　国务院劳动行政部门主管全国劳动工作。

县级以上地方人民政府劳动行政部门主管本行政区域内的劳动工作。

中华人民共和国劳动法促进就业

第十条　国家通过促进经济和社会发展，创造就业条件，扩大就业机会。

国家鼓励企业、事业组织、社会团体在法律、行政法规规定的范围内兴办产业或者拓展经营，增加就业。国家支持劳动者自愿组织起来就业和从事个体经营实现就业。

第十一条　地方各级人民政府应当采取措施，发展多种类型的职业介绍机构，提供就业服务。

第十二条　劳动者就业，不因民族、种族、性别、宗教信仰不同而受歧视。

第十三条　妇女享有与男子平等的就业权利。在录用职工时，除国家规定的不适合妇女的工种或者岗位外，不得以性别为由拒绝录用妇女或者提高对妇女的录用标准。

第十四条　残疾人、少数民族人员、退出现役的军人的就业，法律、法规有特别规定的，从其规定。

第十五条　禁止用人单位招用未满十六周岁的未成年人。

文艺、体育和特种工艺单位招用未满十六周岁的未成年人，必须依照国家有关规定，履行审批手续，并保障其接受义务教育的权利。

中华人民共和国劳动法劳动合同和集体合同

第十六条　劳动合同是劳动者与用人单位确立劳动关系、明确双方权利和义务的协议。建立劳动关系应当订立劳动合同。

第十七条　订立和变更劳动合同，应当遵循平等自愿、协商一致的原则，不得违反法律、行政法规的规定。

劳动合同依法订立即具有法律约束力，当事人必须履行劳动合同规定的义务。

第十八条　下列劳动合同无效：

（一）违反法律、行政法规的劳动合同；

（二）采取欺诈、威胁等手段订立的劳动合同。

无效的劳动合同，从订立的时候起，就没有法律约束力。确认劳动合同部分无效的，如果不影响其余部分的效力，其余部分仍然有效。

劳动合同的无效，由劳动争议仲裁委员会或者人民法院确认。

第十九条　劳动合同应当以书面形式订立，并具备以下条款：

（一）劳动合同期限；

（二）工作内容；

（三）劳动保护和劳动条件；

（四）劳动报酬；

（五）劳动纪律；

（六）劳动合同终止的条件；

（七）违反劳动合同的责任。

劳动合同除前款规定的必备条款外，当事人可以协商约定其他内容。

第二十条　劳动合同的期限分为有固定期限、无固定期限和以完成一定的工作为期限。

劳动者在同一用人单位连续工作满十年以上，当事人双方同意延续劳动合同的，如果劳动者提出订立无固定期限的劳动合同，应当订立无固定期限的劳动合同。

第二十一条　劳动合同可以约定试用期。试用期最长不得超过六个月。

第二十二条　劳动合同当事人可以在劳动合同中约定保守用人单位商业秘密的有关事项。

第二十三条　劳动合同期满或者当事人约定的劳动合同终止条件出现，劳动合同即行终止。

第二十四条　经劳动合同当事人协商一致，劳动合同可以解除。

第二十五条　劳动者有下列情形之一的，用人单位可以解除劳动合同：

（一）在试用期间被证明不符合录用条件的；

（二）严重违反劳动纪律或者用人单位规章制度的；

（三）严重失职，营私舞弊，对用人单位利益造成重大损害的；

（四）被依法追究刑事责任的。

第二十六条　有下列情形之一的，用人单位可以解除劳动合同，但是应当提前三十日以书面形式通知劳动者本人：

（一）劳动者患病或者非因工负伤，医疗期满后，不能从事原工作也不能从事由用人单位另行安排的工作的；

（二）劳动者不能胜任工作，经过培训或者调整工作岗位，仍不能胜任工作的；

（三）劳动合同订立时所依据的客观情况发生重大变化，致使原劳动合同无法履行，经当事人协商不能就变更劳动合同达成协议的。

第二十七条　用人单位濒临破产进行法定整顿期间或者生产经营状况发生严重困难，确需裁减人员的，应当提前三十日向工会或者全体职工说明情况，听取工会或者职工的意见，经向劳动行政部门报告后，可以裁减人员。

用人单位依据本条规定裁减人员，在六个月内录用人员的，应当优先录用被裁减的人员。

第二十八条　用人单位依据本法第二十四条、第二十六条、第二十七条的规定解除劳动合同的，应当依照国家有关规定给予经济补偿。

第二十九条　劳动者有下列情形之一的，用人单位不得依据本法第二十六条、第二十七条的规定解除劳动合同：

（一）患职业病或者因工负伤并被确认丧失或者部分丧失劳动能力的；

（二）患病或者负伤，在规定的医疗期内的；

（三）女职工在孕期、产期、哺乳期内的；

（四）法律、行政法规规定的其他情形。

第三十条　用人单位解除劳动合同，工会认为不适当的，有权提出意见。如果用人单位违反法律、法规或者劳动合同，工会有权要求重新处理；劳动者申请仲裁或者提起诉讼的，工会应当依法给予支持和帮助。

第三十一条　劳动者解除劳动合同，应当提前三十日以书面形式通知用人单位。

第三十二条　有下列情形之一的，劳动者可以随时通知用人单位解除劳动合同：

（一）在试用期内的；

（二）用人单位以暴力、威胁或者非法限制人身自由的手段强迫劳动的；

（三）用人单位未按照劳动合同约定支付劳动报酬或者提供劳动条件的。

第三十三条　企业职工一方与企业可以就劳动报酬、工作时间、休息休假、劳动安全卫生、保险福利等事项，签订集体合同。集体合同草案应当提交职工代表大会或者全体职工讨论通过。

集体合同由工会代表职工与企业签订；没有建立工会的企业，由职工推举的代表与企业签订。

第三十四条　集体合同签订后应当报送劳动行政部门；劳动行政部门自收到集体合同文本之日起十五日内未提出异议的，集体合同即行生效。

第三十五条　依法签订的集体合同对企业和企业全体职工具有约束力。职工个人与企业订立的劳动合同中劳动条件和劳动报酬等标准不得低于集体合同的规定。

劳动合同和集体合同

劳动合同的订立

1. 用人单位应与其富余人员、放长假的职工，签订劳动合同，但其劳动合同与在岗职工的劳动合同在内容上可以有所区别。用人单位与劳动者经协商一致可以在劳动合同中就不在岗期间的有关事项作出规定。

2. 用人单位应与其长期被外单位借用的人员、带薪上学人员、以及其他非在岗但仍保持劳动关系的人员签订劳动合同，但在外借和上学期间，劳动合同中的某些相关条款经双方协商可以变更。

3. 请长病假的职工，在病假期间与原单位保持着劳动关系，用人单位应与其签订劳动合同。

4. 原固定工中经批准的停薪留职人员，愿意回原单位继续工作的，原单位应与其签订劳动合同；不愿回原单位继续工作的，原单位可以与其解除劳动关系。

5. 根据劳动部《实施〈劳动法〉中有关劳动合同问题的解答》（劳部发〔1995〕202号）的规定，党委书记、工会主席等党群专职人员也是职工的一员，依照劳动法的规定，与用人单位签订劳动合同。对于有特殊规定的，可以按有关规定办理。

6. 根据劳动部《实施〈劳动法〉中有关劳动合同问题的解答》（劳部发〔1995〕202号）的规定，经理由其上级部门聘任（委任）的，应与聘任（委任）部门签订劳动合同。实行公司制的经理和有关经营管理人员，应依据《中华人民共和国公司法》的规定与董事会签订劳动合同。

7. 在校生利用业余时间勤工助学，不视为就业，未建立劳动关系，可以不签订劳动合同。

8. 用人单位发生分立或合并后，分立或合并后的用人单位可依据其实际情况与原用人单位的劳动者遵循平等自愿、协商一致的原则变更原劳动合同。

9. 派出到合资、参股单位的职工如果与原单位仍保持着劳动关系，应当与原单位签订劳动合同，原单位可就劳动合同的有关内容在与合资、参股单位订立的劳务合同时，明确职工的工资、保险、福利、休假等有关待遇。

10. 租赁经营（生产）、承包经营（生产）的企业，所有权并没有发生改变，法人名称未变，在与职工订立劳动合同时，该企业仍为用人单位一方。依据租赁合同或承包合同，租赁人、承包人如果作为该企业的法定代表人或者该法定代表人的授权委托人时，可代表该企业（用人单位）与劳动者订立劳动合同。

11. 用人单位与劳动者签订劳动合同时，劳动合同可以由用人单位拟定，也可以由双方当事人共同拟定，但劳动合同必须经双方当事人协商一致后才能签订，职工被迫签订的劳动合同或未经协商一致签订的劳动合同为无效劳动合同。

12．用人单位与劳动者之间形成了事实劳动关系，而用人单位故意拖延不订立劳动合同，劳动行政部门应予以纠正。用人单位因此给劳动者造成损害的，应按劳动部《违反〈劳动法〉有关劳动合同规定的赔偿办法》（劳部发〔1995〕223号）的规定进行赔偿。

中华人民共和国劳动法工作时间

第三十六条　国家实行劳动者每日工作时间不超过八小时、平均每周工作时间不超过四十四小时的工时制度。

第三十七条　对实行计件工作的劳动者，用人单位应当根据本法第三十六条规定的工时制度合理确定其劳动定额和计件报酬标准。

第三十八条　用人单位应当保证劳动者每周至少休息一日。

第三十九条　企业因生产特点不能实行本法第三十六条、第三十八条规定的，经劳动行政部门批准，可以实行其他工作和休息办法。

第四十条　用人单位在下列节日期间应当依法安排劳动者休假：

（一）元旦；

（二）春节；

（三）国际劳动节；

（四）国庆节；

（五）法律、法规规定的其他休假节日。

第四十一条　用人单位由于生产经营需要，经与工会和劳动者协商后可以延长工作时间，一般每日不得超过一小时；因特殊原因需要延长工作时间的，在保障劳动者身体健康的条件下延长工作时间每日不得超过三小时，但是每月不得超过三十六小时。

第四十二条　有下列情形之一的，延长工作时间不受本法第四十一条规定的限制：

（一）发生自然灾害、事故或者因其他原因，威胁劳动者生命健康和财产安全，需要紧急处理的；

（二）生产设备、交通运输线路、公共设施发生故障，影响生产和公众利益，必须及时抢修的

（三）法律、行政法规规定的其他情形。

第四十三条　用人单位不得违反本法规定延长劳动者的工作时间。

第四十四条　有下列情形之一的，用人单位应当按照下列标准支付高于劳动者正常工作时间工资的工资报酬：

（一）安排劳动者延长工作时间的，支付不低于工资的百分之一百五十的工资报酬；

（二）休息日安排劳动者工作又不能安排补休的，支付不低于工资的百分之二百的工资报酬；

（三）法定休假日安排劳动者工作的，支付不低于工资的百分之三百的工资报酬。

第四十五条　国家实行带薪年休假制度。

劳动者连续工作一年以上的，享受带薪年休假。具体办法由国务院规定。

中华人民共和国劳动法工资

第四十六条　工资分配应当遵循按劳分配原则，实行同工同酬。　工资水平在经济发

展的基础上逐步提高。国家对工资总量实行宏观调控。

第四十七条　用人单位根据本单位的生产经营特点和经济效益，依法自主确定本单位的工资分配方式和工资水平。

第四十八条　国家实行最低工资保障制度。最低工资的具体标准由省、自治区、直辖市人民政府规定，报国务院备案。

用人单位支付劳动者的工资不得低于当地最低工资标准。

第四十九条　确定和调整最低工资标准应当综合参考下列因素：

（一）劳动者本人及平均赡养人口的最低生活费用；

（二）社会平均工资水平；

（三）劳动生产率；

（四）就业状况；

（五）地区之间经济发展水平的差异。

第五十条　工资应当以货币形式按月支付给劳动者本人。不得克扣或者无故拖欠劳动者的工资。

第五十一条　劳动者在法定休假日和婚丧假期间以及依法参加社会活动期间，用人单位应当依法支付工资。

中华人民共和国劳动法劳动安全卫生

第五十二条　用人单位必须建立、健全劳动安全卫生制度，严格执行国家劳动安全卫生规程和标准，对劳动者进行劳动安全卫生教育，防止劳动过程中的事故，减少职业危害。

第五十三条　劳动安全卫生设施必须符合国家规定的标准。

新建、改建、扩建工程的劳动安全卫生设施必须与主体工程同时设计、同时施工、同时投入生产和使用。

第五十四条　用人单位必须为劳动者提供符合国家规定的劳动安全卫生条件和必要的劳动防护用品，对从事有职业危害作业的劳动者应当定期进行健康检查。

第五十五条　从事特种作业的劳动者必须经过专门培训并取得特种作业资格。

第五十六条　劳动者在劳动过程中必须严格遵守安全操作规程。

劳动者对用人单位管理人员违章指挥、强令冒险作业，有权拒绝执行；对危害生命安全和身体健康的行为，有权提出批评、检举和控告。

第五十七条　国家建立伤亡事故和职业病统计报告和处理制度。县级以上各级人民政府劳动行政部门、有关部门和用人单位应当依法对劳动者在劳动过程中发生的伤亡事故和劳动者的职业病状况，进行统计、报告和处理。

中华人民共和国劳动法女职工和未成年工特殊保护

第五十八条　国家对女职工和未成年工实行特殊劳动保护。　未成年工是指年满十六周岁未满十八周岁的劳动者。

第五十九条　禁止安排女职工从事矿山井下、国家规定的第四级体力劳动强度的劳动和其他禁忌从事的劳动。

第六十条　不得安排女职工在经期从事高处、低温、冷水作业和国家规定的第三级体力劳动强度的劳动。

第六十一条　不得安排女职工在怀孕期间从事国家规定的第三级体力劳动强度的劳动和孕期禁忌从事的活动。对怀孕七个月以上的女职工，不得安排其延长工作时间和夜班劳动。

第六十二条　女职工生育享受不少于九十天的产假。

第六十三条　不得安排女职工在哺乳未满一周岁的婴儿期间从事国家规定的第三级体力劳动强度的劳动和哺乳期禁忌从事的其他劳动，不得安排其延长工作时间和夜班劳动。

第六十四条　不得安排未成年工从事矿山井下、有毒有害、国家规定的第四级体力劳动强度的劳动和其他禁忌从事的劳动。

第六十五条　用人单位应当对未成年工定期进行健康检查。

中华人民共和国劳动法职业培训

第六十六条　国家通过各种途径，采取各种措施，发展职业培训事业，开发劳动者的职业技能，提高劳动者素质，增强劳动者的就业能力和工作能力。

第六十七条　各级人民政府应当把发展职业培训纳入社会经济发展的规划，鼓励和支持有条件的企业、事业组织、社会团体和个人进行各种形式的职业培训。

第六十八条　用人单位应当建立职业培训制度，按照国家规定提取和使用职业培训经费，根据本单位实际，有计划地对劳动者进行职业培训。

从事技术工种的劳动者，上岗前必须经过培训。

第六十九条　国家确定职业分类，对规定的职业制定职业技能标准，实行职业资格证书制度，由经过政府批准的考核鉴定机构负责对劳动者实施职业技能考核鉴定。

中华人民共和国劳动法社会保险和福利

第七十条　国家发展社会保险事业，建立社会保险制度，设立社会保险基金，使劳动者在年老、患病、工伤、失业、生育等情况下获得帮助和补偿。

第七十一条　社会保险水平应当与社会经济发展水平和社会承受能力相适应。

第七十二条　社会保险基金按照保险类型确定资金来源，逐步实行社会统筹。用人单位和劳动者必须依法参加社会保险，缴纳社会保险费。

第七十三条　劳动者在下列情形下，依法享受社会保险待遇：

（一）退休；

（二）患病、负伤；

（三）因工伤残或者患职业病；

（四）失业；

（五）生育。

劳动者死亡后，其遗属依法享受遗属津贴。

劳动者享受社会保险待遇的条件和标准由法律、法规规定。

劳动者享受的社会保险金必须按时足额支付。

第七十四条　社会保险基金经办机构依照法律规定收支、管理和运营社会保险基金，并负有使社会保险基金保值增值的责任。

社会保险基金监督机构依照法律规定，对社会保险基金的收支、管理和运营实施监督。

社会保险基金经办机构和社会保险基金监督机构的设立和职能由法律规定。

任何组织和个人不得挪用社会保险基金。

第七十五条　国家鼓励用人单位根据本单位实际情况为劳动者建立补充保险。

国家提倡劳动者个人进行储蓄性保险。

第七十六条　国家发展社会福利事业，兴建公共福利设施，为劳动者休息、休养和疗养提供条件。

用人单位应当创造条件，改善集体福利，提高劳动者的福利待遇。

中华人民共和国劳动法劳动争议

第七十七条　用人单位与劳动者发生劳动争议，当事人可以依法申请调解、仲裁、提起诉讼，也可以协商解决。调解原则适用于仲裁和诉讼程序。

第七十八条　解决劳动争议，应当根据合法、公正、及时处理的原则，依法维护劳动争议当事人的合法权益。

第七十九条　劳动争议发生后，当事人可以向本单位劳动争议调解委员会申请调解；调解不成，当事人一方要求仲裁的，可以向劳动争议仲裁委员会申请仲裁。当事人一方也可以直接向劳动争议仲裁委员会申请仲裁。对仲裁裁决不服的，可以向人民法院提起诉讼。

第八十条　在用人单位内，可以设立劳动争议调解委员会。劳动争议调解委员会由职工代表、用人单位代表和工会代表组成。劳动争议调解委员会主任由工会代表担任。

劳动争议经调解达成协议的，当事人应当履行。

第八十一条　劳动争议仲裁委员会由劳动行政部门代表、同级工会代表、用人单位方面的代表组成。劳动争议仲裁委员会主任由劳动行政部门代表担任。

第八十二条　提出仲裁要求的一方应当自劳动争议发生之日起六十日内向劳动争议仲裁委员会提出书面申请。仲裁裁决一般应在收到仲裁申请的六十日内作出。对仲裁裁决无异议的，当事人必须履行。

第八十三条　劳动争议当事人对仲裁裁决不服的，可以自收到仲裁裁决书之日起十五日内向人民法院提起诉讼。一方当事人在法定期限内不起诉又不履行仲裁裁决的，另一方当事人可以申请人民法院强制执行。

第八十四条　因签订集体合同发生争议，当事人协商解决不成的，当地人民政府劳动行政部门可以组织有关各方协调处理。

因履行集体合同发生争议，当事人协商解决不成的，可以向劳动争议仲裁委员会申请仲裁；对仲裁裁决不服的，可以自收到仲裁裁决书之日起15日内向人民法院提出诉讼。

中华人民共和国劳动法监督检查

第八十五条　县级以上各级人民政府劳动行政部门依法对用人单位遵守劳动法律、法规的情况进行监督检查，对违反劳动法律、法规的行为有权制止，并责令改正。

第八十六条　县级以上各级人民政府劳动行政部门监督检查人员执行公务，有权进入用人单位了解执行劳动法律、法规的情况，查阅必要的资料，并对劳动场所进行检查。

县级以上各级人民政府劳动行政部门监督检查人员执行公务，必须出示证件，秉公执法并遵守有关规定。

第八十七条　县级以上各级人民政府有关部门在各自职责范围内，对用人单位遵守劳动法律、法规的情况进行监督。

第八十八条　各级工会依法维护劳动者的合法权益，对用人单位遵守劳动法律、法规的情况进行监督。

任何组织和个人对于违反劳动法律、法规的行为有权检举和控告。

中华人民共和国劳动法法律责任

第八十九条　用人单位制定的劳动规章制度违反法律、法规规定的，由劳动行政部门给予警告，责令改正；对劳动者造成损害的，应当承担赔偿责任。

第九十条　用人单位违反本法规定，延长劳动者工作时间的，由劳动行政部门给予警告，责令改正，并可以处以罚款。

第九十一条　用人单位有下列侵害劳动者合法权益情形之一的，由劳动行政部门责令支付劳动者的工资报酬、经济补偿，并可以责令支付赔偿金：

（一）克扣或者无故拖欠劳动者工资的；

（二）拒不支付劳动者延长工作时间工资报酬的；

（三）低于当地最低工资标准支付劳动者工资的；

（四）解除劳动合同后，未依照本法规定给予劳动者经济补偿的。

第九十二条　用人单位的劳动安全设施和劳动卫生条件不符合国家规定或者未向劳动者提供必要的劳动防护用品和劳动保护设施的，由劳动行政部门或者有关部门责令改正，可以处以罚款；情节严重的，提请县级以上人民政府决定责令停产整顿；对事故隐患不采取措施，致使发生重大事故，造成劳动者生命和财产损失的，对责任人员依照刑法有关规定追究刑事责任。

第九十三条　用人单位强令劳动者违章冒险作业，发生重大伤亡事故，造成严重后果的，对责任人员依法追究刑事责任。

第九十四条　用人单位非法招用未满十六周岁的未成年人的，由劳动行政部门责令改正，处以罚款；情节严重的，由工商行政管理部门吊销营业执照。

第九十五条　用人单位违反本法对女职工和未成年工的保护规定，侵害其合法权益的，由劳动行政部门责令改正，处以罚款；对女职工或者未成年工造成损害的，应当承担赔偿责任。

第九十六条　用人单位有下列行为之一，由公安机关对责任人员处以十五日以下拘留、罚款或者警告；构成犯罪的，对责任人员依法追究刑事责任：

（一）以暴力、威胁或者非法限制人身自由的手段强迫劳动的；

（二）侮辱、体罚、殴打、非法搜查和拘禁劳动者的。

第九十七条　由于用人单位的原因订立的无效合同，对劳动者造成损害的，应当承担赔偿责任。

第九十八条　用人单位违反本法规定的条件解除劳动合同或者故意拖延不订立劳动合同的，由劳动行政部门责令改正；对劳动者造成损害的，应当承担赔偿责任。

第九十九条　用人单位招用尚未解除劳动合同的劳动者，对原用人单位造成经济损失的，该用人单位应当依法承担连带赔偿责任。

第一百条　用人单位无故不缴纳社会保险费的，由劳动行政部门责令其限期缴纳；逾期不缴的，可以加收滞纳金。

第一百零一条　用人单位无理阻挠劳动行政部门、有关部门及其工作人员行使监督检查权，打击报复举报人员的，由劳动行政部门或者有关部门处以罚款；构成犯罪的，对责任人员依法追究刑事责任。

第一百零二条　劳动者违反本法规定的条件解除劳动合同或者违反劳动合同中约定的保密事项，对用人单位造成经济损失的，应当依法承担赔偿责任。

第一百零三条　劳动行政部门或者有关部门的工作人员滥用职权、玩忽职守、徇私舞弊，构成犯罪的，依法追究刑事责任；不构成犯罪的，给予行政处分。

第一百零四条　国家工作人员和社会保险基金经办机构的工作人员挪用社会保险基金，构成犯罪的，依法追究刑事责任。

第一百零五条　违反本法规定侵害劳动者合法权益，其他法律、行政法规已规定处罚的，依照该法律、行政法规的规定处罚。

中华人民共和国劳动法附则

第一百零六条　省、自治区、直辖市人民政府根据本法和本地区的实际情况，规定劳动合同制度的实施步骤，报国务院备案。

第一百零七条　本法自1995年1月1日起施行。

附录 D 中华人民共和国劳动合同法

（《全国人民代表大会常务委员会关于修改〈中华人民共和国劳动合同法〉的决定》已由中华人民共和国第十一届全国人民代表大会常务委员会第三十次会议于 2012 年 12 月 28 日通过，自 2013 年 7 月 1 日起施行。）

第一章 总则

第一条 为了完善劳动合同制度，明确劳动合同双方当事人的权利和义务，保护劳动者的合法权益，构建和发展和谐稳定的劳动关系，制定本法。

第二条 中华人民共和国境内的企业、个体经济组织、民办非企业单位等组织（以下称用人单位）与劳动者建立劳动关系，订立、履行、变更、解除或者终止劳动合同，适用本法。

国家机关、事业单位、社会团体和与其建立劳动关系的劳动者，订立、履行、变更、解除或者终止劳动合同，依照本法执行。

第三条 订立劳动合同，应当遵循合法、公平、平等自愿、协商一致、诚实信用的原则。

依法订立的劳动合同具有约束力，用人单位与劳动者应当履行劳动合同约定的义务。

第四条 用人单位应当依法建立和完善劳动规章制度，保障劳动者享有劳动权利、履行劳动义务。

用人单位在制定、修改或者决定有关劳动报酬、工作时间、休息休假、劳动安全卫生、保险福利、职工培训、劳动纪律以及劳动定额管理等直接涉及劳动者切身利益的规章制度或者重大事项时，应当经职工代表大会或者全体职工讨论，提出方案和意见，与工会或者职工代表平等协商确定。

在规章制度和重大事项决定实施过程中，工会或者职工认为不适当的，有权向用人单位提出，通过协商予以修改完善。

用人单位应当将直接涉及劳动者切身利益的规章制度和重大事项决定公示，或者告知劳动者。

第五条 县级以上人民政府劳动行政部门会同工会和企业方面代表，建立健全协调劳动关系三方机制，共同研究解决有关劳动关系的重大问题。

第六条 工会应当帮助、指导劳动者与用人单位依法订立和履行劳动合同，并与用人单位建立集体协商机制，维护劳动者的合法权益。

中华人民共和国劳动合同法订立

第七条 用人单位自用工之日起即与劳动者建立劳动关系。用人单位应当建立职工名册备查。

第八条 用人单位招用劳动者时，应当如实告知劳动者工作内容、工作条件、工作地点、职业危害、安全生产状况、劳动报酬，以及劳动者要求了解的其他情况；用人单位有权了解劳动者与劳动合同直接相关的基本情况，劳动者应当如实说明。

第九条　用人单位招用劳动者，不得扣押劳动者的居民身份证和其他证件，不得要求劳动者提供担保或者以其他名义向劳动者收取财物。

第十条　建立劳动关系，应当订立书面劳动合同。

已建立劳动关系，未同时订立书面劳动合同的，应当自用工之日起一个月内订立书面劳动合同。

用人单位与劳动者在用工前订立劳动合同的，劳动关系自用工之日起建立。

第十一条　用人单位未在用工的同时订立书面劳动合同，与劳动者约定的劳动报酬不明确的，新招用的劳动者的劳动报酬按照集体合同规定的标准执行；没有集体合同或者集体合同未规定的，实行同工同酬。

第十二条　劳动合同分为固定期限劳动合同、无固定期限劳动合同和以完成一定工作任务为期限的劳动合同。

第十三条　固定期限劳动合同，是指用人单位与劳动者约定合同终止时间的劳动合同。

用人单位与劳动者协商一致，可以订立固定期限劳动合同。

第十四条　无固定期限劳动合同，是指用人单位与劳动者约定无确定终止时间的劳动合同。

用人单位与劳动者协商一致，可以订立无固定期限劳动合同。有下列情形之一，劳动者提出或者同意续订、订立劳动合同的，除劳动者提出订立固定期限劳动合同外，应当订立无固定期限劳动合同：

（一）劳动者在该用人单位连续工作满十年的；

（二）用人单位初次实行劳动合同制度或者国有企业改制重新订立劳动合同时，劳动者在该用人单位连续工作满十年且距法定退休年龄不足十年的；

（三）连续订立二次固定期限劳动合同，且劳动者没有本法第三十九条和第四十条第一项、第二项规定的情形，续订劳动合同的。

用人单位自用工之日起满一年不与劳动者订立书面劳动合同的，视为用人单位与劳动者已订立无固定期限劳动合同。

第十五条　以完成一定工作任务为期限的劳动合同，是指用人单位与劳动者约定以某项工作的完成为合同期限的劳动合同。

用人单位与劳动者协商一致，可以订立以完成一定工作任务为期限的劳动合同。

第十六条　劳动合同由用人单位与劳动者协商一致，并经用人单位与劳动者在劳动合同文本上签字或者盖章生效。

劳动合同文本由用人单位和劳动者各执一份。

第十七条　劳动合同应当具备以下条款：

（一）用人单位的名称、住所和法定代表人或者主要负责人；

（二）劳动者的姓名、住址和居民身份证或者其他有效身份证件号码；

（三）劳动合同期限；

（四）工作内容和工作地点；

（五）工作时间和休息休假；

（六）劳动报酬；

（七）社会保险；

（八）劳动保护、劳动条件和职业危害防护；

（九）法律、法规规定应当纳入劳动合同的其他事项。

劳动合同除前款规定的必备条款外，用人单位与劳动者可以约定试用期、培训、保守秘密、补充保险和福利待遇等其他事项。

第十八条 劳动合同对劳动报酬和劳动条件等标准约定不明确，引发争议的，用人单位与劳动者可以重新协商；协商不成的，适用集体合同规定；没有集体合同或者集体合同未规定劳动报酬的，实行同工同酬；没有集体合同或者集体合同未规定劳动条件等标准的，适用国家有关规定。

第十九条 劳动合同期限三个月以上不满一年的，试用期不得超过一个月；劳动合同期限一年以上不满三年的，试用期不得超过二个月；三年以上固定期限和无固定期限的劳动合同，试用期不得超过六个月。

同一用人单位与同一劳动者只能约定一次试用期。

以完成一定工作任务为期限的劳动合同或者劳动合同期限不满三个月的，不得约定试用期。

试用期包含在劳动合同期限内。劳动合同仅约定试用期的，试用期不成立，该期限为劳动合同期限。

第二十条 劳动者在试用期的工资不得低于本单位相同岗位最低档工资或者劳动合同约定工资的百分之八十，并不得低于用人单位所在地的最低工资标准。

第二十一条 在试用期中，除劳动者有本法第三十九条和第四十条第一项、第二项规定的情形外，用人单位不得解除劳动合同。用人单位在试用期解除劳动合同的，应当向劳动者说明理由。

第二十二条 用人单位为劳动者提供专项培训费用，对其进行专业技术培训的，可以与该劳动者订立协议，约定服务期。

劳动者违反服务期约定的，应当按照约定向用人单位支付违约金。违约金的数额不得超过用人单位提供的培训费用。用人单位要求劳动者支付的违约金不得超过服务期尚未履行部分所应分摊的培训费用。

用人单位与劳动者约定服务期的，不影响按照正常的工资调整机制提高劳动者在服务期期间的劳动报酬。

第二十三条 用人单位与劳动者可以在劳动合同中约定保守用人单位的商业秘密和与知识产权相关的保密事项。

对负有保密义务的劳动者，用人单位可以在劳动合同或者保密协议中与劳动者约定竞业限制条款，并约定在解除或者终止劳动合同后，在竞业限制期限内按月给予劳动者经济补偿。劳动者违反竞业限制约定的，应当按照约定向用人单位支付违约金。

第二十四条 竞业限制的人员限于用人单位的高级管理人员、高级技术人员和其他负有保密义务的人员。竞业限制的范围、地域、期限由用人单位与劳动者约定，竞业限制的约定不得违反法律、法规的规定。

在解除或者终止劳动合同后，前款规定的人员到与本单位生产或者经营同类产品、从事同类业务的有竞争关系的其他用人单位，或者自己开业生产或者经营同类产品、从事同类业务的竞业限制期限，不得超过二年。

第二十五条 除本法第二十二条和第二十三条规定的情形外，用人单位不得与劳动者约定由劳动者承担违约金。

第二十六条 下列劳动合同无效或者部分无效：

（一）以欺诈、胁迫的手段或者乘人之危，使对方在违背真实意思的情况下订立或者变更劳动合同的；

（二）用人单位免除自己的法定责任、排除劳动者权利的；

（三）违反法律、行政法规强制性规定的。

对劳动合同的无效或者部分无效有争议的，由劳动争议仲裁机构或者人民法院确认。

第二十七条 劳动合同部分无效，不影响其他部分效力的，其他部分仍然有效。

第二十八条 劳动合同被确认无效，劳动者已付出劳动的，用人单位应当向劳动者支付劳动报酬。劳动报酬的数额，参照本单位相同或者相近岗位劳动者的劳动报酬确定。

中华人民共和国劳动合同法履行和变更

第二十九条 用人单位与劳动者应当按照劳动合同的约定，全面履行各自的义务。

第三十条 用人单位应当按照劳动合同约定和国家规定，向劳动者及时足额支付劳动报酬。

用人单位拖欠或者未足额支付劳动报酬的，劳动者可以依法向当地人民法院申请支付令，人民法院应当依法发出支付令。

第三十一条 用人单位应当严格执行劳动定额标准，不得强迫或者变相强迫劳动者加班。用人单位安排加班的，应当按照国家有关规定向劳动者支付加班费。

第三十二条 劳动者拒绝用人单位管理人员违章指挥、强令冒险作业的，不视为违反劳动合同。

劳动者对危害生命安全和身体健康的劳动条件，有权对用人单位提出批评、检举和控告。

第三十三条 用人单位变更名称、法定代表人、主要负责人或者投资人等事项，不影响劳动合同的履行。

第三十四条 用人单位发生合并或者分立等情况，原劳动合同继续有效，劳动合同由承继其权利和义务的用人单位继续履行。

第三十五条 用人单位与劳动者协商一致，可以变更劳动合同约定的内容。变更劳动合同，应当采用书面形式。

变更后的劳动合同文本由用人单位和劳动者各执一份。

中华人民共和国劳动合同法解除和终止。

第三十六条 用人单位与劳动者协商一致，可以解除劳动合同。

第三十七条 劳动者提前三十日以书面形式通知用人单位，可以解除劳动合同。劳动者在试用期内提前三日通知用人单位，可以解除劳动合同。

第三十八条 用人单位有下列情形之一的，劳动者可以解除劳动合同：

（一）未按照劳动合同约定提供劳动保护或者劳动条件的；

（二）未及时足额支付劳动报酬的；

（三）未依法为劳动者缴纳社会保险费的；
（四）用人单位的规章制度违反法律、法规的规定，损害劳动者权益的；
（五）因本法第二十六条 第一款规定的情形致使劳动合同无效的；
（六）法律、行政法规规定劳动者可以解除劳动合同的其他情形。

用人单位以暴力、威胁或者非法限制人身自由的手段强迫劳动者劳动的，或者用人单位违章指挥、强令冒险作业危及劳动者人身安全的，劳动者可以立即解除劳动合同，不需事先告知用人单位。

第三十九条 劳动者有下列情形之一的，用人单位可以解除劳动合同：
（一）在试用期间被证明不符合录用条件的；
（二）严重违反用人单位的规章制度的；
（三）严重失职，营私舞弊，给用人单位造成重大损害的；
（四）劳动者同时与其他用人单位建立劳动关系，对完成本单位的工作任务造成严重影响，或者经用人单位提出，拒不改正的；
（五）因本法第二十六条 第一款第一项规定的情形致使劳动合同无效的；
（六）被依法追究刑事责任的。

第四十条 有下列情形之一的，用人单位提前三十日以书面形式通知劳动者本人或者额外支付劳动者一个月工资后，可以解除劳动合同：
（一）劳动者患病或者非因工负伤，在规定的医疗期满后不能从事原工作，也不能从事由用人单位另行安排的工作的；
（二）劳动者不能胜任工作，经过培训或者调整工作岗位，仍不能胜任工作的；
（三）劳动合同订立时所依据的客观情况发生重大变化，致使劳动合同无法履行，经用人单位与劳动者协商，未能就变更劳动合同内容达成协议的。

第四十一条 有下列情形之一，需要裁减人员二十人以上或者裁减不足二十人但占企业职工总数百分之十以上的，用人单位提前三十日向工会或者全体职工说明情况，听取工会或者职工的意见后，裁减人员方案经向劳动行政部门报告，可以裁减人员：
（一）依照企业破产法规定进行重整的；
（二）生产经营发生严重困难的；
（三）企业转产、重大技术革新或者经营方式调整，经变更劳动合同后，仍需裁减人员的；
（四）其他因劳动合同订立时所依据的客观经济情况发生重大变化，致使劳动合同无法履行的。

裁减人员时，应当优先留用下列人员：
（一）与本单位订立较长期限的固定期限劳动合同的；
（二）与本单位订立无固定期限劳动合同的；
（三）家庭无其他就业人员，有需要扶养的老人或者未成年人的。

用人单位依照本条第一款规定裁减人员，在六个月内重新招用人员的，应当通知被裁减的人员，并在同等条件下优先招用被裁减的人员。

第四十二条 劳动者有下列情形之一的，用人单位不得依照本法第四十条 、第四十一条 的规定解除劳动合同：

（一）从事接触职业病危害作业的劳动者未进行离岗前职业健康检查，或者疑似职业病病人在诊断或者医学观察期间的；

（二）在本单位患职业病或者因工负伤并被确认丧失或者部分丧失劳动能力的；

（三）患病或者非因工负伤，在规定的医疗期内的；

（四）女职工在孕期、产期、哺乳期的；

（五）在本单位连续工作满十五年，且距法定退休年龄不足五年的；

（六）法律、行政法规规定的其他情形。

第四十三条　用人单位单方解除劳动合同，应当事先将理由通知工会。用人单位违反法律、行政法规规定或者劳动合同约定的，工会有权要求用人单位纠正。用人单位应当研究工会的意见，并将处理结果书面通知工会。

第四十四条　有下列情形之一的，劳动合同终止：

（一）劳动合同期满的；

（二）劳动者开始依法享受基本养老保险待遇的；

（三）劳动者死亡，或者被人民法院宣告死亡或者宣告失踪的；

（四）用人单位被依法宣告破产的；

（五）用人单位被吊销营业执照、责令关闭、撤销或者用人单位决定提前解散的；

（六）法律、行政法规规定的其他情形。

第四十五条　劳动合同期满，有本法第四十二条规定情形之一的，劳动合同应当续延至相应的情形消失时终止。但是，本法第四十二条第二项规定丧失或者部分丧失劳动能力劳动者的劳动合同的终止，按照国家有关工伤保险的规定执行。

第四十六条　有下列情形之一的，用人单位应当向劳动者支付经济补偿：

（一）劳动者依照本法第三十八条规定解除劳动合同的；

（二）用人单位依照本法第三十六条规定向劳动者提出解除劳动合同并与劳动者协商一致解除劳动合同的；

（三）用人单位依照本法第四十条规定解除劳动合同的；

（四）用人单位依照本法第四十一条第一款规定解除劳动合同的；

（五）除用人单位维持或者提高劳动合同约定条件续订劳动合同，劳动者不同意续订的情形外，依照本法第四十四条第一项规定终止固定期限劳动合同的；

（六）依照本法第四十四条第四项、第五项规定终止劳动合同的；

（七）法律、行政法规规定的其他情形。

第四十七条　经济补偿按劳动者在本单位工作的年限，每满一年支付一个月工资的标准向劳动者支付。六个月以上不满一年的，按一年计算；不满六个月的，向劳动者支付半个月工资的经济补偿。

劳动者月工资高于用人单位所在直辖市、设区的市级人民政府公布的本地区上年度职工月平均工资三倍的，向其支付经济补偿的标准按职工月平均工资三倍的数额支付，向其支付经济补偿的年限最高不超过十二年。

本条所称月工资是指劳动者在劳动合同解除或者终止前十二个月的平均工资。

第四十八条　用人单位违反本法规定解除或者终止劳动合同，劳动者要求继续履行劳动合同的，用人单位应当继续履行；劳动者不要求继续履行劳动合同或者劳动合同已经不能继续履行的，用人单位应当依照本法第八十七条 规定支付赔偿金。

第四十九条 国家采取措施，建立健全劳动者社会保险关系跨地区转移接续制度。

第五十条 用人单位应当在解除或者终止劳动合同时出具解除或者终止劳动合同的证明，并在十五日内为劳动者办理档案和社会保险关系转移手续。

劳动者应当按照双方约定，办理工作交接。用人单位依照本法有关规定应当向劳动者支付经济补偿的，在办结工作交接时支付。

用人单位对已经解除或者终止的劳动合同的文本，至少保存二年备查。

中华人民共和国劳动合同法特别规定

第一节 集体合同

第五十一条 企业职工一方与用人单位通过平等协商，可以就劳动报酬、工作时间、休息休假、劳动安全卫生、保险福利等事项订立集体合同。集体合同草案应当提交职工代表大会或者全体职工讨论通过。

集体合同由工会代表企业职工一方与用人单位订立；尚未建立工会的用人单位，由上级工会指导劳动者推举的代表与用人单位订立。

第五十二条 企业职工一方与用人单位可以订立劳动安全卫生、女职工权益保护、工资调整机制等专项集体合同。

第五十三条 在县级以下区域内，建筑业、采矿业、餐饮服务业等行业可以由工会与企业方面代表订立行业性集体合同，或者订立区域性集体合同。

第五十四条 集体合同订立后，应当报送劳动行政部门；劳动行政部门自收到集体合同文本之日起十五日内未提出异议的，集体合同即行生效。

依法订立的集体合同对用人单位和劳动者具有约束力。行业性、区域性集体合同对当地本行业、本区域的用人单位和劳动者具有约束力。

第五十五条 集体合同中劳动报酬和劳动条件等标准不得低于当地人民政府规定的最低标准；用人单位与劳动者订立的劳动合同中劳动报酬和劳动条件等标准不得低于集体合同规定的标准。

第五十六条 用人单位违反集体合同，侵犯职工劳动权益的，工会可以依法要求用人单位承担责任；因履行集体合同发生争议，经协商解决不成的，工会可以依法申请仲裁、提起诉讼。

第二节 劳务派遣

第五十七条 经营劳务派遣业务应当具备下列条件：

（一）注册资本不得少于人民币二百万元；

（二）有与开展业务相适应的固定的经营场所和设施；

（三）有符合法律、行政法规规定的劳务派遣管理制度；

（四）法律、行政法规规定的其他条件。

经营劳务派遣业务，应当向劳动行政部门依法申请行政许可；经许可的，依法办理相应的公司登记。未经许可，任何单位和个人不得经营劳务派遣业务。

第五十八条 劳务派遣单位是本法所称用人单位，应当履行用人单位对劳动者的义务。劳务派遣单位与被派遣劳动者订立的劳动合同，除应当载明本法第十七条 规定的事项外，还应当载明被派遣劳动者的用工单位以及派遣期限、工作岗位等情况。

劳务派遣单位应当与被派遣劳动者订立二年以上的固定期限劳动合同，按月支付劳动报酬；被派遣劳动者在无工作期间，劳务派遣单位应当按照所在地人民政府规定的最低工资标准，向其按月支付报酬。

第五十九条 劳务派遣单位派遣劳动者应当与接受以劳务派遣形式用工的单位（以下称用工单位）订立劳务派遣协议。劳务派遣协议应当约定派遣岗位和人员数量、派遣期限、劳动报酬和社会保险费的数额与支付方式以及违反协议的责任。

用工单位应当根据工作岗位的实际需要与劳务派遣单位确定派遣期限，不得将连续用工期限分割订立数个短期劳务派遣协议。

第六十条 劳务派遣单位应当将劳务派遣协议的内容告知被派遣劳动者。

劳务派遣单位不得克扣用工单位按照劳务派遣协议支付给被派遣劳动者的劳动报酬。

劳务派遣单位和用工单位不得向被派遣劳动者收取费用。

第六十一条 劳务派遣单位跨地区派遣劳动者的，被派遣劳动者享有的劳动报酬和劳动条件，按照用工单位所在地的标准执行。

第六十二条 用工单位应当履行下列义务：

（一）执行国家劳动标准，提供相应的劳动条件和劳动保护；

（二）告知被派遣劳动者的工作要求和劳动报酬；

（三）支付加班费、绩效奖金，提供与工作岗位相关的福利待遇；

（四）对在岗被派遣劳动者进行工作岗位所必需的培训；

（五）连续用工的，实行正常的工资调整机制。

用工单位不得将被派遣劳动者再派遣到其他用人单位。

第六十三条 被派遣劳动者享有与用工单位的劳动者同工同酬的权利。用工单位应当按照同工同酬原则，对被派遣劳动者与本单位同类岗位的劳动者实行相同的劳动报酬分配办法。用工单位无同类岗位劳动者的，参照用工单位所在地相同或者相近岗位劳动者的劳动报酬确定。

劳务派遣单位与被派遣劳动者订立的劳动合同和与用工单位订立的劳务派遣协议，载明或者约定的向被派遣劳动者支付的劳动报酬应当符合前款规定。

第六十四条 被派遣劳动者有权在劳务派遣单位或者用工单位依法参加或者组织工会，维护自身的合法权益。

第六十五条 被派遣劳动者可以依照本法第三十六条、第三十八条的规定与劳务派遣单位解除劳动合同。

被派遣劳动者有本法第三十九条和第四十条第一项、第二项规定情形的，用工单位可以将劳动者退回劳务派遣单位，劳务派遣单位依照本法有关规定，可以与劳动者解除劳动合同。

第六十六条 劳动合同用工是我国的企业基本用工形式。劳务派遣用工是补充形式，只能在临时性、辅助性或者替代性的工作岗位上实施。

前款规定的临时性工作岗位是指存续时间不超过六个月的岗位；辅助性工作岗位是指为主营业务岗位提供服务的非主营业务岗位；替代性工作岗位是指用工单位的劳动者因脱产学习、休假等原因无法工作的一定期间内，可以由其他劳动者替代工作的岗位。

用工单位应当严格控制劳务派遣用工数量，不得超过其用工总量的一定比例，具体比例由国务院劳动行政部门规定。

第六十七条 用人单位不得设立劳务派遣单位向本单位或者所属单位派遣劳动者。

第三节 非全日制用工

第六十八条 非全日制用工，是指以小时计酬为主，劳动者在同一用人单位一般平均每日工作时间不超过四小时，每周工作时间累计不超过二十四小时的用工形式。

第六十九条 非全日制用工双方当事人可以订立口头协议。

从事非全日制用工的劳动者可以与一个或者一个以上用人单位订立劳动合同；但是，后订立的劳动合同不得影响先订立的劳动合同的履行。

第七十条 非全日制用工双方当事人不得约定试用期。

第七十一条 非全日制用工双方当事人任何一方都可以随时通知对方终止用工。终止用工，用人单位不向劳动者支付经济补偿。

第七十二条 非全日制用工小时计酬标准不得低于用人单位所在地人民政府规定的最低小时工资标准。

非全日制用工劳动报酬结算支付周期最长不得超过十五日。

中华人民共和国劳动合同法监督检查

第七十三条 国务院劳动行政部门负责全国劳动合同制度实施的监督管理。

县级以上地方人民政府劳动行政部门负责本行政区域内劳动合同制度实施的监督管理。

县级以上各级人民政府劳动行政部门在劳动合同制度实施的监督管理工作中，应当听取工会、企业方面代表以及有关行业主管部门的意见。

第七十四条 县级以上地方人民政府劳动行政部门依法对下列实施劳动合同制度的情况进行监督检查：

（一）用人单位制定直接涉及劳动者切身利益的规章制度及其执行的情况；

（二）用人单位与劳动者订立和解除劳动合同的情况；

（三）劳务派遣单位和用工单位遵守劳务派遣有关规定的情况；

（四）用人单位遵守国家关于劳动者工作时间和休息休假规定的情况；

（五）用人单位支付劳动合同约定的劳动报酬和执行最低工资标准的情况；

（六）用人单位参加各项社会保险和缴纳社会保险费的情况；

（七）法律、法规规定的其他劳动监察事项。

第七十五条 县级以上地方人民政府劳动行政部门实施监督检查时，有权查阅与劳动合同、集体合同有关的材料，有权对劳动场所进行实地检查，用人单位和劳动者都应当如实提供有关情况和材料。

劳动行政部门的工作人员进行监督检查，应当出示证件，依法行使职权，文明执法。

第七十六条 县级以上人民政府建设、卫生、安全生产监督管理等有关主管部门在各自职责范围内，对用人单位执行劳动合同制度的情况进行监督管理。

第七十七条 劳动者合法权益受到侵害的，有权要求有关部门依法处理，或者依法申请仲裁、提起诉讼。

第七十八条 工会依法维护劳动者的合法权益，对用人单位履行劳动合同、集体合同的情况进行监督。用人单位违反劳动法律、法规和劳动合同、集体合同的，工会有权提出意见或者要求纠正；劳动者申请仲裁、提起诉讼的，工会依法给予支持和帮助。

第七十九条 任何组织或者个人对违反本法的行为都有权举报，县级以上人民政府劳动行政部门应当及时核实、处理，并对举报有功人员给予奖励。

中华人民共和国劳动合同法法律责任

第八十条 用人单位直接涉及劳动者切身利益的规章制度违反法律、法规规定的，由劳动行政部门责令改正，给予警告；给劳动者造成损害的，应当承担赔偿责任。

第八十一条 用人单位提供的劳动合同文本未载明本法规定的劳动合同必备条款或者用人单位未将劳动合同文本交付劳动者的，由劳动行政部门责令改正；给劳动者造成损害的，应当承担赔偿责任。

第八十二条 用人单位自用工之日起超过一个月不满一年未与劳动者订立书面劳动合同的，应当向劳动者每月支付二倍的工资。

用人单位违反本法规定不与劳动者订立无固定期限劳动合同的，自应当订立无固定期限劳动合同之日起向劳动者每月支付二倍的工资。

第八十三条 用人单位违反本法规定与劳动者约定试用期的，由劳动行政部门责令改正；违法约定的试用期已经履行的，由用人单位以劳动者试用期满月工资为标准，按已经履行的超过法定试用期的期间向劳动者支付赔偿金。

第八十四条 用人单位违反本法规定，扣押劳动者居民身份证等证件的，由劳动行政部门责令限期退还劳动者本人，并依照有关法律规定给予处罚。

用人单位违反本法规定，以担保或者其他名义向劳动者收取财物的，由劳动行政部门责令限期退还劳动者本人，并以每人五百元以上二千元以下的标准处以罚款；给劳动者造成损害的，应当承担赔偿责任。

劳动者依法解除或者终止劳动合同，用人单位扣押劳动者档案或者其他物品的，依照前款规定处罚。

第八十五条 用人单位有下列情形之一的，由劳动行政部门责令限期支付劳动报酬、加班费或者经济补偿；劳动报酬低于当地最低工资标准的，应当支付其差额部分；逾期不支付的，责令用人单位按应付金额百分之五十以上百分之一百以下的标准向劳动者加付赔偿金：

（一）未按照劳动合同的约定或者国家规定及时足额支付劳动者劳动报酬的；

（二）低于当地最低工资标准支付劳动者工资的；

（三）安排加班不支付加班费的；

（四）解除或者终止劳动合同，未依照本法规定向劳动者支付经济补偿的。

第八十六条 劳动合同依照本法第二十六条规定被确认无效，给对方造成损害的，有过错的一方应当承担赔偿责任。

第八十七条 用人单位违反本法规定解除或者终止劳动合同的，应当依照本法第四十七条规定的经济补偿标准的二倍向劳动者支付赔偿金。

第八十八条 用人单位有下列情形之一的，依法给予行政处罚；构成犯罪的，依法追究刑事责任；给劳动者造成损害的，应当承担赔偿责任：

（一）以暴力、威胁或者非法限制人身自由的手段强迫劳动的；

（二）违章指挥或者强令冒险作业危及劳动者人身安全的；

（三）侮辱、体罚、殴打、非法搜查或者拘禁劳动者的；

（四）劳动条件恶劣、环境污染严重，给劳动者身心健康造成严重损害的。

第八十九条 用人单位违反本法规定未向劳动者出具解除或者终止劳动合同的书面证明，由劳动行政部门责令改正；给劳动者造成损害的，应当承担赔偿责任。

第九十条 劳动者违反本法规定解除劳动合同，或者违反劳动合同中约定的保密义务或者竞业限制，给用人单位造成损失的，应当承担赔偿责任。

第九十一条 用人单位招用与其他用人单位尚未解除或者终止劳动合同的劳动者，给其他用人单位造成损失的，应当承担连带赔偿责任。

第九十二条 违反本法规定，未经许可，擅自经营劳务派遣业务的，由劳动行政部门责令停止违法行为，没收违法所得，并处违法所得一倍以上五倍以下的罚款；没有违法所得的，可以处五万元以下的罚款。

劳务派遣单位、用工单位违反本法有关劳务派遣规定的，由劳动行政部门责令限期改正；逾期不改正的，以每人五千元到一万元的标准处以罚款，对劳务派遣单位，吊销其劳务派遣业务经营许可证。用工单位给被派遣劳动者造成损害的，劳务派遣单位与用工单位承担连带赔偿责任。

第九十三条 对不具备合法经营资格的用人单位的违法犯罪行为，依法追究法律责任；劳动者已经付出劳动的，该单位或者其出资人应当依照本法有关规定向劳动者支付劳动报酬、经济补偿、赔偿金；给劳动者造成损害的，应当承担赔偿责任。

第九十四条 个人承包经营违反本法规定招用劳动者，给劳动者造成损害的，发包的组织与个人承包经营者承担连带赔偿责任。

第九十五条 劳动行政部门和其他有关主管部门及其工作人员玩忽职守、不履行法定职责，或者违法行使职权，给劳动者或者用人单位造成损害的，应当承担赔偿责任；对直接负责的主管人员和其他直接责任人员，依法给予行政处分；构成犯罪的，依法追究刑事责任。

中华人民共和国劳动合同法附则

第九十六条 事业单位与实行聘用制的工作人员订立、履行、变更、解除或者终止劳动合同，法律、行政法规或者国务院另有规定的，依照其规定；未作规定的，依照本法有关规定执行。

第九十七条 本法施行前已依法订立且在本法施行之日存续的劳动合同，继续履行；本法第十四条 第二款第三项规定连续订立固定期限劳动合同的次数，自本法施行后续订固定期限劳动合同时开始计算。

本法施行前已建立劳动关系，尚未订立书面劳动合同的，应当自本法施行之日起一个月内订立。

本法施行之日存续的劳动合同在本法施行后解除或者终止，依照本法第四十六条 规定应当支付经济补偿的，经济补偿年限自本法施行之日起计算；本法施行前按照当时有关规定，用人单位应当向劳动者支付经济补偿的，按照当时有关规定执行。

第九十八条 本法自 2008 年 1 月 1 日起施行。（注：修订条款自 2013 年 7 月 1 日起施行。）

附录 E　教育部财政部关于印发《中等职业学校学生实习管理办法》的通知

（2007年6月26日，根据教育法律法规和国务院的有关规定，教育部、财政部制定了《中等职业学校学生实习管理办法》，本办法自发布之日起施行。）

中等职业学校学生实习管理办法

第一条　为规范管理中等职业学校开展学生实习工作，保护实习学生的合法权益，根据《中华人民共和国教育法》、《中华人民共和国劳动法》、《中华人民共和国职业教育法》和国家有关规定，制定本办法。

第二条　中等职业学校（以下简称"学校"）学生实习，应全面贯彻国家的教育方针，实施素质教育，坚持教育与生产劳动相结合，遵循职业教育规律，培养学生职业道德和职业技能，促进学生全面发展和就业，提高教育质量。

第三条　本办法所称学生实习，主要是指中等职业学校按照专业培养目标要求和教学计划的安排，组织在校学生到企业等用人单位进行的教学实习和顶岗实习，是中等职业学校专业教学的重要内容。中等职业学校三年级学生要到生产服务一线参加顶岗实习。

第四条　学生实习由学校和实习单位共同组织和管理。学校和实习单位在安排学生实习时，要共同制定实习计划，开展专业教学和职业技能训练，组织参加相应的职业资格考试；要建立辅导员制度，定期开展团组织活动，加强思想政治教育和职业道德教育。学校和实习单位在学生实习期间，要维护学生的合法权益，确保学生在实习期间的人身安全和身心健康。

第五条　组织安排学生实习，要严格遵守国家有关法律法规，为学生实习提供必要的实习条件和安全健康的实习劳动环境。不得安排一年级学生到企业等单位顶岗实习；不得安排学生从事高空、井下、放射性、高毒、易燃易爆、国家规定的第四级体力劳动强度以及其他具有安全隐患的实习劳动；不得安排学生到酒吧、夜总会、歌厅、洗浴中心等营业性娱乐场所实习；不得安排学生每天顶岗实习超过8小时；不得通过中介机构代理组织、安排和管理实习工作。

第六条　学校应当建立健全学生实习管理制度，要有专门的实习管理机构，要加强实习指导教师队伍建设，要建立学生实习管理档案，定期检查实习情况，处理实习中出现的有关问题，确保学生实习工作的正常秩序。

第七条　实习单位要指定专门人员负责学生实习工作，根据需要推荐安排有经验的技术或管理人员担任实习指导教师。

第八条 实习单位应向实习学生支付合理的实习报酬。学校和实习单位不得扣发或拖欠学生的实习报酬。

第九条 企业接收学生实习并支付给实习学生的报酬，按照《财政部 国家税务总局关于企业支付学生实习报酬有关所得税政策问题的通知》（财税[2006]107号）有关规定在计算缴纳企业所得税前扣除。

第十条 建立学校、实习单位和学生家长经常性的学生实习信息通报制度。学生到实习单位顶岗实习前，学校、实习单位和学生本人或家长应当签订书面协议，明确各方的责任、权利和义务。学生在校内参加教学实习，学校和学生本人或家长是否签订书面协议，由学校根据情况确定。

第十一条 学校安排学生赴国（境）外实习的，应当根据需要通过国家驻外有关机构了解实习环境、实习单位和实习内容等情况，必要时可派人实地考察。要选派指导教师全程参与，做好实习期间的管理和相关服务工作。

第十二条 学校和实习单位应当加强对实习学生的实习劳动安全教育，增强学生安全意识，提高其自我防护能力；要为实习学生购买意外伤害保险等相关保险，具体事宜由学校和实习单位协商办理。实习期间学生人身伤害事故的赔偿，依据《学生伤害事故处理办法》和有关法律法规处理。

第十三条 实习学生应当严格遵守学校和实习单位的规章制度，服从管理；未经学校批准，不准擅自离开实习单位；不得自行在外联系住宿；违反实习纪律的学生，应接受指导教师、学校和实习单位的批评教育，情节严重的，学校可责令其暂停实习，限期改正。学生实习考核的成绩应当作为评价学生的重要依据。

第十四条 各级教育行政部门应当加强实习管理工作，建立健全实习管理制度，加强监督检查，协调有关职能部门、实习单位和其他有关方面，共同做好实习管理工作，保证实习工作的健康、安全和有序开展。

第十五条 对积极开展中等职业学校学生顶岗实习工作、管理规范、成绩显著的学校和单位，以及先进个人给予表彰奖励。

第十六条 对不履行实习管理职责的学校和实习单位，负有管理责任的政府有关部门应当责令其限期改正，对拒不改正或者因工作失误造成重大损失的，应当对直接负责的主管人员和其他直接责任人员给予行政处分；构成犯罪的，依法追究刑事责任。

第十七条 本办法自发布之日起施行。

附录 F 就业服务网站名录

综合人才招聘网
招聘网：www.126job.com
前程无忧：www.51job.com
中华英才网：www.chinahr.com
智联招聘网：www.zhaopin.com
528招聘网：www.528.com.cn
招聘金榜：www.seniorjobs.cn
智通人才招聘网：www.job5156.com
中国人才热线：www.cjol.com
人才招聘信息汇总：www.gao8dou.com
全国招聘会信息网：www.zph.com.cn
南方人才网：www.job168.com
八音中信人才之家：www.86299.com
我的工作网：www.myjob.com.cn
四海人才网：www.18job.com
中国高校毕业生就业服务信息网：www.myjob.edu.cn

地区人才招聘网
北京
北京人才招聘信息汇总：www.010so.com
中国北京人才招聘网：www.beijingjob.com.cn
北京人才招聘网：www.job-bj.com
北京人才网：www.bjrc.com
北京招聘网：www.bj-job.com
无忧招聘网：www.bj.51zhaopin.com
北京快线人才网：www.bjxp.cn
北京高校毕业生就业信息网：www.bjbys.net.cn
北京人才招聘网：www.010job.com.cn
首都人才热线：www.bj51rc.com
人力银行：www.3job.3job.com
天空招聘：www.tkzp.com
北京人事局毕业生就业网：www.bjbys.com

上海
上海人才招聘信息汇总：www.021so.com
上海招聘网：www.shjob.cn
上海第一招聘网：www.01job.cn
人才市场网：www.001hr.com
上海招聘热线：www.shzp.com.cn
上海求职招聘网：www.shjobs.net
上海精英人才招聘网：www.1011job.com
中国就业网：www.china91.com
金领招聘：www.90job.cn
上海无忧招聘网：www.wuyoujob.com
上海人才招聘网：www.shrczp.com
广州
广州人才招聘信息汇总：www.020soo.com
中国广州人事网：www.gzpi.gov.cn
广州人才网：www.020job.com
广东招聘网：www.hunt007.com
广州招聘网：www.020zp.com
中国广州网：www.020cn.cn
128广州人才网：www.zhaopinjob.cn
广州快线人才网：www.gzxp.cn
本地宝—广州权威资讯宝库：www.job.gz.bendibao.com
重庆
重庆人才招聘信息汇总：www.023so.com
重庆人才网：www.cqjob.com
023人才网：www.6636a.net
联英人才网：www.hrm.cn
重庆优聘网：www.cq.ypwjob.com
128重庆人才网：www.023rc.com.cn
重庆招聘网：www.chongqing.zhaopinwang.com.cn
中国重庆人才招聘网：www.chongqingjob.com
重庆高校毕业生就业信息网：www.cqbys.com
重庆师范大学毕业生就业信息网：www.job.cqnu.edu.cn
成都
成都人才招聘信息汇总：www.028sou.com
成都招聘网：www.chengdu.zhaopinwang.com.cn
四川成都人才网：www.028zhaopin.com
成都人才网：www.rc114.com
大众人才：www.dzrl.com

易就业：www.e9151.com
中国成都大学生就业网：www.usjob.gov.cn
广西
广西人才网：http://www.gxrc.com
南宁市人才网：http://www.nnrc.com.cn

分类人才招聘网
英才网联：www.mechr.com
行业招聘：www.job36.com
招聘联盟：www.job10000.com
万行工作网：www.114job.cn
人才职业网：www.rencaijob.com
游戏英才网：www.jobg.cn
日语人才网：www.jobjp.com
出版行业人才中介网：www.okcbjob.com
食品人才招聘网：www.foodhr.cn
中国医药招聘网：www.yyzp.cn
中国汽车人才招聘网：www.autosjob.com
中国化工招聘网：www.hgjob.com

参 考 文 献

[1] 蓝海．求职掌上通[M]．天津：天津人民出版社．2001.1．

[2] 李萍．求职[M]．北京：中国言实出版社．2007.2．

[3] Diane Sukiennik,William Bendat,Lisa Raufman．职业指导[M]．北京：中国劳动社会保障出版社．2005．

[4] 北京纽哈斯国际教育咨询有限公司．求职胜经[M].北京：机械工业出版社.2006.2．

[5] 广西壮族自治区教育厅．职业发展与就业指导[M]．桂林：广西师范大学出版社．2008.8．

[6] 广西八桂职教网，原文地址：http://www.ep12.com/html/planning/vstar/2011/1102/21535.html．

反侵权盗版声明

电子工业出版社依法对本作品享有专有出版权。任何未经权利人书面许可，复制、销售或通过信息网络传播本作品的行为；歪曲、篡改、剽窃本作品的行为，均违反《中华人民共和国著作权法》，其行为人应承担相应的民事责任和行政责任，构成犯罪的，将被依法追究刑事责任。

为了维护市场秩序，保护权利人的合法权益，我社将依法查处和打击侵权盗版的单位和个人。欢迎社会各界人士积极举报侵权盗版行为，本社将奖励举报有功人员，并保证举报人的信息不被泄露。

举报电话：（010）88254396；（010）88258888

传　　真：（010）88254397

E-mail：　dbqq@phei.com.cn

通信地址：北京市万寿路173信箱

　　　　　电子工业出版社总编办公室

邮　　编：100036